Eine Buchreihe
aus dem Copress-Verlag
Herausgegeben
von Karl-Heinz Huba

Hartmut Scherzer

Weltmeister aller Klassen

COPRESS-VERLAG MÜNCHEN

Copyright 1976 by Copress-Verlag
Münchner Buchgewerbehaus GmbH
Schellingstraße 39−41
8000 München 40
Alle Rechte vorbehalten
Wiedergabe nur mit
ausdrücklicher Genehmigung
des Verlages
Gesamtherstellung:
Münchner Buchgewerbehaus GmbH
Redaktion: Karl-Heinz Huba
Dokumentation: Ursula Erdtmann
Einband: Franz Hornauer
(Foto: United Press International)
ISBN 3-7679-0104-8

Die Geschichte der Boxweltmeisterschaft im Schwergewicht

„Da redete Kain mit seinem Bruder Abel. Und es begab sich, da sie auf dem Felde waren, erhob sich Kain wider seinen Bruder und schlug ihn tot." Gewiß ist es leicht übertrieben, in dieser biblischen Überlieferung vom ersten Streit des Menschen auch bereits den Ursprung des heutigen Boxkampfes als Sport zu sehen, so wie dies der amerikanische Journalist Ted Deglin in seinem Beitrag „Die Geschichte des Boxens" im Souvenir-Programmheft des ersten Giganten-Kampfes Muhammad Ali gegen Joe Frazier 1971 getan hat.

Ebensowenig wie Kain wird der Grieche Theogenes in den boxhistorischen Annalen als erster Weltmeister des Faustkampfes geführt. Um rund 900 vor Christus errang er über 1400 tödliche K.-o.-Siege, nachdem Theseus, der Sohn des Poseidon und kühne Abenteurer der attischen Sage, die Fäuste seiner Kämpfer mit Lederriemen aus Ochsenhaut und Metallkrallen bandagieren ließ.

Eine weniger brutale Art des Faustkampfes, bei dem die Taktik, Schläge und damit Verletzungen zu vermeiden, den Vorrang hatte, nahmen die Griechen 688 vor Christus ins olympische Programm der Antike auf.

Die Römer ließen hingegen später ihre Sklaven zur Volksbelustigung wieder nach den tödlichen Regeln des Theseus kämpfen, bis Kaiser Theodosius (379–395) diesen blutrünstigen „Sport" verbot.

Aber weder Griechen noch Römer, sondern die Engländer – wie in so vielen Sportsparten – gelten als die Väter des modernen Faustkampfes. Sie prägten den Stil, der als die „noble art of selfdefense" in die Geschichte einging. Als Vater dieses Boxstils gilt James Figg (1695–1734), den der 1972 verstorbene „Ring-Historiker" Nat Fleischer in seiner „Box-Bibel" auch als ersten Schwergewichts-Champion registriert.

Der Fechtlehrer aus Thane in Oxfordshire gründete 1719 in der Londoner Oxford Road, der heutigen Oxford Street, Londons turbulenter Geschäftsstraße, eine Schule für die „ehrenwerte Wissenschaft der Verteidigung" mit Klingen und Knöcheln.

Er lehrte nicht nur die Verteidigung mit den Fäusten, sondern stellte sich selbst jeglichem Herausforderer zum Kampf. Figg blieb unbesiegt, bezeichnete sich als den ersten Boxmeister, nannte sich später Champion von England, starb am 8. Dezember 1734 im Alter von 39 Jahren und wurde 1954 von den Box-Historikern und Experten in

Szenen aus dem Titelkampf Sullivan – Kilrain am 8. Juli 1889, wie

KILRAIN DRAWS
FIRST BLOOD
(5TH ROUND)

SOUTHERN ATHLETIC CLUB HOUSE.

POUNDING
KILRAINS HEART.
(25TH ROUND.)

SULLIVAN VOMITING
(44TH ROUND.)

SULLIVAN JUMPING ON
KILRAINS HEAD.
(45TH ROUND)

r Zeichner der New Yorker „Police Gaz zette" sah.

die „Boxing Hall of Fame", in die von Nat Fleischer eröffnete „Ruhmeshalle des Boxens" aufgenommen.

Figgs Schule machte Schule, und ein gewisser Jack Broughton, ein Schützling des Herzogs von Cumberland, führte als Figgs Nachfolger feste Regeln ein, die als die „London Prize Ring Rules" für die nächsten 100 Jahre Gültigkeit hatten. Zum Anlaß wurde das tragische Ende seines Herausforderers George Stevenson, der nach 35 Minuten brutalen Faustkampfes an den Verletzungen, die ihm Broughton zugefügt hatte, starb. Ein Gedenkstein in der Westminster Abtei erinnert heute noch an die Verdienste Broughtons.

Als Begründer der modernen und heute noch gültigen Boxregeln gilt hingegen – irrtümlich – ein anderer Engländer, John Sholto Douglas, der achte Marquis of Queensberry. Denn verfaßt und aufgezeichnet hat die Queensberry Rules 1867 John Graham Chambers, der auf der Suche nach einem Patron den Marquis als Gönner für seine Aufzeichnungen fand. Der Marquis of Queensberry gab dem Regelwerk nur seinen adligen Namen und erntete dafür ewigen Ruhm. Ihr Autor war er nicht.

Zu den bedeutsamsten der zwölf Regeln des Marquis gehören die Einteilung eines Kampfes in Runden zu je drei Minuten, unterbrochen von einer einminütigen Pause, die Benutzung von Handschuhen und die Vorschrift, daß einem zu Boden geschlagenen Kämpfer zehn Sekunden bleiben, sich wieder zum Kampf zu stellen.

Historisch bedeutsam wurde vor allem die Einführung der gepolsterten Fäustlinge, die dem Wettkampf viel von seiner Rohheit und Brutalität nehmen sollten. Der Mann, der die alte Epoche der blanken Knöchel in die neue Ära der gepolsterten Fäuste überleitete, hieß John Lawrence Sullivan, der erste anerkannte Schwergewichts-Weltmeister.

Der „Boston Strong Boy" schlug am 7. Februar 1882 in einem vor dem Barnes Hotel in Mississippi City aufgebauten Ring den amerikanischen Meister Paddy Ryan in der 9. Runde k. o. Beide kämpften noch mit bloßen Fäusten für eine Gage von je 5000 Dollar. Sieben Jahre später nahm John L. Sullivan die Herausforderung des eigens aus Irland herbeigeholten Jake Kilrain an, schlug ihn in Richburg, Mississippi, nach 75 Runden bewußtlos und nannte sich danach „Champion of the World". Der Kampf war gleichzeitig die letzte Weltmeisterschaft, in der die Rivalen noch mit bloßen Fäusten aufeinander losgingen.

Im Kampf, in dem er den Weltmeistertitel verlor, trug John L. Sullivan Boxhandschuhe. Aber nicht diese „Verweichlichung" wurde zur Ursache seiner Niederlage gegen James J. Corbett am 7. September 1892 im Olympic Club von New Orleans. Vom süßen Leben faul und fett geworden, hatte er gegen „Gentleman Jim", wie Corbett genannt wurde, weil er selbst im härtesten Schlagabtausch noch zu lächeln pflegte, nie eine Chance. Mit einem rechten Schwinger schlug Corbett den alten Meister in der 21. Runde k. o.

„Zum ersten Mal in seinem Leben machte John L. Sullivan die bittere Erfahrung einer Niederlage. Noch lange nach den zehn Sekunden lag er hilflos im Sand des Rings. Der Sand war vollgesaugt mit seinem Blut, und er, der Sieger von 100 Schlachten, lag als fürchterlich verprügelter Mann in seinem eigenen Blut", hieß es in einem Zeitungsbericht über den historischen Kampf.

„Gentleman Jim" aber, um 45 000 Dollar reicher (25 000 Dollar Gage, 20 000 Dollar Siegespreis), verließ ohne eine Schramme und mit seinem bezaubernden Lächeln umjubelt den Ring.

Das Lachen verging James J. Corbett viereinhalb Jahre später in Carson City im Bundesstaat Nevada, als ihn Bob Fitzsimmons, ein gebürtiger Engländer, mit einem fürchterlichen Hieb auf den Bauch in der 14. Runde k. o. schlug. „Fitzsimmons linker Arm schien bis zum Ellbogen in Corbetts Bauch zu verschwinden, so schnell und so gewaltig war der Schlag", beschrieb Bob Davis in der „New York Sun" die entscheidende Szene.

„Ein Ächzen kam aus Corbetts offenem Mund, die Kinnlade verrenkte er wie bei einem Starrkrampf, der ganze Oberkörper wurde beim Versuch gewürgt, wieder zu funktionieren und zu leben." Als der Arzt Dr. John W. Girdner die Beschreibung des Schlages und seiner verheerenden Wirkung las, verkündete er, daß Corbett auf dem „Solarplexus" getroffen worden sei.

Den Triumph verdankt der damals bereits 35jährige, schmächtige Fitzsimmons (er wog ganze 78 Kilo) seiner Frau Rose. Denn blutüberströmt schien er schon hoffnungslos geschlagen. Da drängte ihn in der Rundenpause seine Frau: „Hör' auf, ihm aufs Kinn zu schlagen. Hau ihm auf den Bauch, das ist seine wunde Stelle."

Zwei Jahre lang kassierte Ruby Robert, wie Fitzsimmons mit bürgerlichem Namen hieß, auf Tingeltangelbühnen für den Ruhm und den Titel, ohne zu boxen. Am 9. Juni 1899 mußte er sich dann zur Titelverteidigung dem jungen bärenstarken James J. Jeffries stellen. Bereits 37 Jahre und fast 48 Pfund leichter als der „Boilermaker" (Kesselschmied) aus Ohio, hatte Fitzsimmons keine Chance, und es war ein Wunder, daß er überhaupt bis zur elften Runde kam.

Jeffries, ein 24 Jahre alter Kraftmeier, war vor dem Kampf in Fitzsimmons Kabine gegangen und hatte seine gewaltigen zwei Zentner aufgeblasen, um den dürren Weltmeister einzuschüchtern – was ihm auch vollends gelang. Der große Robert Fitzsimmons war nur noch ein Häufchen Elend, als er auf Coney Island in New York in den ungleichen Kampf ging. All seine Schläge blieben wirkungslos. Am Eisenschädel des Kesselschmieds brach sich Bob Fitzsimmons beide Hände.

Jeffries fand wegen seiner gefürchteten Bullenkraft kaum noch Gegner. Zweimal schlug er seinen alten Lehrmeister James J. Corbett k. o. und gewann auch die Revanche gegen Fitzsimmons. 1904, nach dem K.-o.-Sieg über Jack Munroe, trat James Jackson Jeffries aus Mangel an geeigneten Herausforderern zurück, unbesiegt in nur 22 Profikämpfen. Er bestimmte Marvin Hart aus Louisville und Jack Root aus Chicago als Anwärter auf sein Erbe und leitete selbst den Kampf am 3. Juli 1905 in Reno, in dem er Root in der zwölften Runde auszählte und Hart zu seinem Nachfolger bestimmte.

Rechte Anerkennung als Champion aber fand Hart nie. Nur sieben Monate später wurde er in Los Angeles von dem nur 1,70 m großen Frankokanadier Tommy Burns über zwanzig Runden

nach Punkten besiegt. Burns, der Kleinste in der Liste der Schwergewichts-Weltmeister, hatte keinen Manager, war aber schlau genug, seinen Titel dennoch nicht weniger als elfmal auf höchst lukrative Weise zu verteidigen. Burns entpuppte sich als ein wahrer Weltmeister im eigentlichen Sinne des Wortes, denn er verteidigte seinen Titel auch in Europa gegen den englischen und irischen Meister ebenso wie in Australien gegen den dortigen Champion.

Schlau wie er war, ging er nur einem jahrelang aus dem Weg: dem Neger Jack Johnson. Die damaligen Rassengesetze in Amerika halfen ihm dabei. In den USA galt als Dogma, daß der Schwarze dem Weißen sowohl geistig als auch physisch unterlegen sei. Ein weißer Champion konnte sich unter Berufung auf die Rassentrennung leicht der Herausforderung eines Schwarzen entziehen. Neger boxten immer wieder nur gegeneinander. Wollten sie Geld ver-

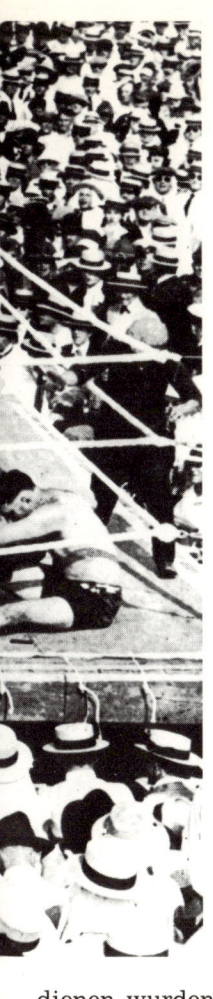

*Am 4. Juli 1919
in Toledo: Jack
Dempsey holt sich
den Titel durch
einen Knockout-Sieg
über Jess Willard,
der die Weltmeister-
schaft nur einmal
verteidigt hat, seit
er in Havanna gegen
Jack Johnson unter
bis heute ungeklär-
ten Umständen
gewann. Dempsey
hatte den Titelver-
teidiger schon in
der ersten Runde
am Boden, er war
und blieb der popu-
lärste amerikanische
Box-Weltmeister
im Schwergewicht.*

zuerkannt wurde. Er folgte Tommy Burns durch ganz Amerika, nach England, nach Australien, wo der Weltmeister schließlich nicht länger kneifen konnte. In Sydney, am 26. Dezember 1908, kam es zum ersten schwarz-weißen Weltmeisterschaftskampf im Schwergewicht. Doch es war kein Kampf. Burns stand der Schrecken vor dem schwarzen Riesen im Gesicht. Johnson spielte vom ersten Gongschlag an nur mit seinem Gegner, verhöhnte und verspottete ihn und verlor nie sein Grinsen, sein „golden smile", wie es wegen seiner blinkenden Goldzähne genannt wurde. In der 13. Runde hätte es nur noch eines Schubsers bedurft, um Burns k. o. zu schlagen. Doch Johnson ließ den gedemütigten und geschundenen Champion stehen bis zum Gong — und grinste. Der Polizei war's zuviel. Sie brach zu Beginn der 14. Runde den Kampf in der Ruchcutters Bucht ab.

Jack Johnson wurde zum meistgehaßten Mann Amerikas. Der Schrei nach der „weißen Hoffnung" hallte von Küste zu Küste. Der Mittelgewichtler Stanley Ketchel sollte die Schmach von Sydney tilgen, und für einen Augenblick schien der 16. Oktober 1909 in Colma, Kalifornien, zum Geburtstag eines neuen Nationalhelden zu werden, als Ketchel mit einem wilden rechten Schwinger den verhaßten Schwarzen von den Beinen holte. Doch Johnson stand sofort wieder auf und schlug den aufs Ganze gehenden Herausforderer in der 12. Runde mit einem genau gezielten Uppercut auf die Kinnspitze k. o.

Nun konnte nur noch James J. Jeffries dem Neger das Grinsen vertreiben. Aber Jeffries verspürte keine Lust, das bequeme Leben im Wohlstand auf seiner

dienen, wurden sie oft bis zu einem Dutzend in einen Ring geschickt, um zur Gaudi der Weißen einen Sieger zu ermitteln.

Jack Johnson begann auf diese Weise seine Karriere, boxte allein neunmal gegen Joe Jeannette, war aber so geschickt und erfolgreich, daß er bald zu einer Persönlichkeit im Boxring wurde.

Dennoch dauerte es zehn Jahre, ehe ihm der Status eines Herausforderers für den Schwergewichts-Weltmeister

Farm noch einmal mit der Tretmühle eines Trainingslagers zu vertauschen. Doch eine Kampagne der Presse und Promoter ließ ihm bald keine andere Wahl. Jeffries konnte sich dem Ruf der weißen Rasse nicht länger entziehen.

Nach sechs Jahren Ringpause, bereits 35 Jahre alt, war er nur noch ein Schatten seiner einst verherrlichten Physis. Am Nationalfeiertag, am 4. Juli 1910, ging Jeffries vor 15 760 Zuschauern, die eine Einnahme von 270 775 Dollar erbrachten, in Reno in der 15. Runde k. o. Das Ergebnis löste im ganzen Land Rassenunruhen aus. Der Film des Kampfes wurde verboten. Jeffries blieb als Trost für die Einbuße seines Nimbus der Unbesiegbarkeit die bis dahin höchste Börse, 192 066 Dollar, viermal soviel wie Johnsons Gage.

Vor dem Haß und der Verfolgung in den USA floh Johnson nach Europa, blieb dort, bis Amerika eine neue weiße Hoffnung entdeckt hatte, den 1,99 m großen Cowboy Jess Willard. In London überredete der amerikanische Promoter Jack Curley den Weltmeister, seinen Titel gegen Willard zu verteidigen, in einem Land, in dem er vor dem Zugriff der US-Polizei sicher sei. Curley ließ sogar durchblicken, daß Johnson im Fall einer Niederlage in die USA zurückkehren könne.

Johnson, bereits 37 und von seiner Bestform weit entfernt, willigte ein und erlitt tatsächlich eine Niederlage: Am 5. April 1915 verlor er auf der Pferderennbahn von Havanna in der 26. Runde durch k. o. – ein Ergebnis, das vielfach als die größte Schiebung in der Boxgeschichte gilt, zumal Johnson behauptete, er habe sich hinlegen müssen.

Doch niemanden kümmerte dies.

Nach sieben Jahren war die Schwergewichtskrone endlich wieder in weißer Hand, die bis zu Muhammad Ali alias Cassius Clay aufregendste und dramatischste Karriere der Boxgeschichte praktisch beendet. Denn Jack Johnson wurde nie wieder eine Chance gegeben, auch nur irgendwie in die Nähe eines neuen Titelkampfes zu kommen.

Der Ruf nach der „weißen Hoffnung", wenn auch nicht mehr von rassischen Ressentiments geprägt, bekam erst 22 Jahre später durch Joe Louis wieder „Aktualität".

„Big Jess" Willard machte sein Geld zwei Jahre lang in einem Wanderzirkus und nicht im Boxring, denn interessante Gegner gab's für ihn nicht. Bis dann dieser William Harrison Dempsey mit einer langen Liste kurzrundiger K.-o.-Siege sich ins Rampenlicht boxte. Promoter Tex Rickard bot Willard eine Garantie von 100 000 Dollar für eine Titelverteidigung. Der 24jährige Dempsey war derart selbstbewußt, daß er seine Börse von 27 500 Dollar mit 10:1 darauf verwettete, daß er Willard bereits in der ersten Runde k. o. schlagen würde.

Der Kampf am 4. Juli 1919 vor 19 650 Zuschauern ging als das „Massaker von Toledo" in die Geschichte ein. Wie eine wilde Bulldogge stürzte sich Dempsey auf den Riesen und prügelte ihn windelweich. Immer wieder brach Willard zusammen und jedesmal erhob er sich langsamer vom Ringboden. Am Ende der ersten Runde lag Willard auf den Brettern, Ringrichter Ollie Pecord ging in Dempseys Ecke und legte seine Hand auf die Schulter des „Manassa Maulers". Der glaubte, er sei bereits Weltmeister und um 275 000 Dollar reicher. Er rannte in die Kabine, um sein Geld zu kassieren, der Ring war von Menschen überfüllt, während Willards Betreuer sich bemühten, ihren Schützling wiederzubeleben.

Doch der Kampf war noch nicht vorbei. Zeitnehmer Barbour kündigte die zweite Runde an, Dempsey stürmte in den Ring zurück, noch grimmiger als zuvor, da er den Kampf nun ohne einen Cent beenden würde. In der dritten Runde schließlich blieb Willard mit gebrochener Kinnlade und gebrochener Moral geschlagen am Boden liegen.

Sieben Jahre währte die große Ära des „Killers" mit der „tödlichen" Faust. Der Kampf gegen den Franzosen Georges Carpentier vor 80 000 Zuschauern in Jersey City wurde von Promoter Tex Rickard als der erste „Kampf des Jahrhunderts" plakatiert. Damals zu Recht. 1,8 Millionen Dollar betrug die Rekordeinnahme. Das Jahrhundert-Spektakel dauerte vier Runden. Der Kampf gegen den argentinischen „Pampas-Stier" Luis Angel Firpo vor 82 000 Zuschauern auf den New Yorker Polo Grounds bereicherte die faszinierende Schwergewichts-Geschichte um eine weitere Kontroverse. In diesem Feuerwerk der Fäuste ging Firpo siebenmal zu Boden und schlug dennoch Dempsey in derselben 1. Runde aus dem Ring. Der Champion landete auf den Rücken der Reporter, die den halb bewußtlosen Dempsey in den Ring zurückschoben.

In der 2. Runde schlug dann Dempsey den Argentinier k. o., machte danach drei Jahre Pause, brach mit seinem berühmten und gerissenen Manager Jack „Doc" Kearns wegen der Heirat mit der Filmschauspielerin Estelle Taylor und geriet derart außer Form, daß er Tex Rickard zur Bedingung machte, den Titelkampf gegen Gene Tunney auf zehn Runden zu begrenzen.

Dieser Tunney, ein ebenso eleganter wie intelligenter Techniker aus wohlhabender Familie, erteilte am 23. September 1926 vor 120 000 Zuschauern (die größte Kulisse aller Zeiten) Dempsey in Philadelphia eine wahre Boxlektion. Dempsey forderte Revanche und Tunney die bis dahin höchste Gage in der Geschichte des Faustkampfes: 990 445 Dollar. Tunney siegte auch in der Revanche in Chicago über zehn Runden nach Punkten, ging aber in der 7. Runde zu Boden und hatte Glück, daß Dempsey nach dem Niederschlag nicht sofort in die neutrale Ecke ging. So blieben Tunney mehr als zehn Sekunden Zeit, sich wieder hochzurappeln und seinen benommenen Kopf klar zu bekommen.

Zum angebotenen dritten Kampf verspürte Dempsey keine Lust mehr. Tunney aber trat nach der erfolgreichen Titelverteidigung gegen den Neuseeländer Tom Heeney am 26. Juli 1928 ungeschlagen zurück. Gene Tunney wurde zum Symbol dafür, daß nicht nur „hungrige" Kraftmeier und Schlägertypen das Zeug dazu haben, den begehrtesten, weil lukrativsten Titel im Sport zu erringen.

Der große Dempsey-Tunney-Dekade folgte eine Ära, in der die Boxmeister aller Klassen bei weitem nicht den Ruhm und den Glanz ihrer Vorgänger erlangten. Es begann damit, daß Gene Tunneys Nachfolger gekrönt wurde, als er niedergestreckt am Boden lag.

Jack Sharkey mit einem dubiosen Tiefschlag-Sieg über den britischen Meister Phil Scott und der Deutsche Max Schmeling, dessen buschige Augenbrauen ihm so viel Ähnlichkeit mit Jack Dempsey verliehen, mit fünf eindrucksvollen Siegen in den USA hatten sich für den Titelkampf am 12. Juni 1930 im New Yorker Yankee Stadium qualifiziert. 79 222 Zuschauer hungerten nach zwei Jahren wieder nach einem Weltmeisterschaftskampf – und wurden maßlos enttäuscht.

In der vierten Runde drängte Sharkey Schmeling ans Seil, traf ihn mit einer Rechten in der Herzgegend und einer Linken an der Gürtellinie. Plötzlich fiel Schmeling zu Boden, krümmte sich vor Schmerzen und hielt beide Fäuste an die schmerzende Leistengegend. Ringrichter Jim Crowley zählte über dem gefallenen Gladiator. Bei „sechs" war die Runde zu Ende, und Schmeling wurde von seinem Manager Joe Jacobs und dem Sekundanten Doc Casey in die Ecke geschleift.

Harold Barnes, einer der Punktrichter, hatte einen Tiefschlag gesehen. Der Vorfall hatte sich nur einen Meter vor seinen Augen ereignet. Der andere Punktrichter, Charles Mathison, und Ringrichter Crowley hatten hingegen nichts bemerkt. Dennoch wurde nach erhitzten Diskussionen, in die die beiden Manager laut schreiend eingriffen, Sharkey disqualifiziert und Max Schmeling zum neuen Weltmeister erklärt. Der Kampf ging in die Annalen als die farbloseste und umstrittenste aller Weltmeisterschaften ein.

Allgemeine Anerkennung als Weltmeister fand Max Schmeling denn auch erst ein Jahr später, als er seinen Titel durch einen K.-o.-Sieg in der 15. Runde über Young Stribling verteidigte.

Den Titel verlor der Deutsche am 21. Juni 1932 auf Long Island auf ebenso umstrittene Art und Weise wie er ihn zwei Jahre zuvor gewonnen hatte. 70 000 Zuschauer trauten ihren Augen und Ohren nicht, als nach 15 Runden Ansager Joe Humphreys den rechten Arm von Jack Sharkey hob und ihn zum „Sieger und neuen Champion" proklamierte.

In den letzten sechs Runden hatte der Deutsche den Amerikaner durch den Ring geprügelt, so daß Sharkey halb groggy und halb blind den Schlußgong erreichte. Die Journalisten hämmerten

es bereits in ihre Schreibmaschinen, Charley Francis Coe wollte gerade seinen Millionen Rundfunk-Zuhörern verkünden, daß der amerikanische Meister vergeblich versucht hatte, den Weltmeistertitel in die USA zurückzuholen, daß er während drei Viertel des Kampfes von Schmeling beherrscht worden war und zum Schluß wie ein verwundeter Stier aussah. Und dann dieses Urteil.

Geschockt und maßlos erstaunt schauten sich die Experten am Ring an und sprachen von der größten Fehlentscheidung, die sie je erlebt hatten.

Nur ein Jahr hielt Sharkey den Titel. Dann stellte er sich diesem italienischen Koloß Primo Carnera zur Revanche. Den 242 Pfund schweren, 1,97 Meter großen Riesen hatte Sharkey zwei Jahre zuvor bereits einmal mit Leichtigkeit besiegt, und auch am 29. Juni 1933 auf Long Island schien er wieder einem mühelosen Sieg zuzusteuern. Da traf ihn ein fürchterlicher rechter Aufwärtshaken am Kinn und fällte ihn wie einen

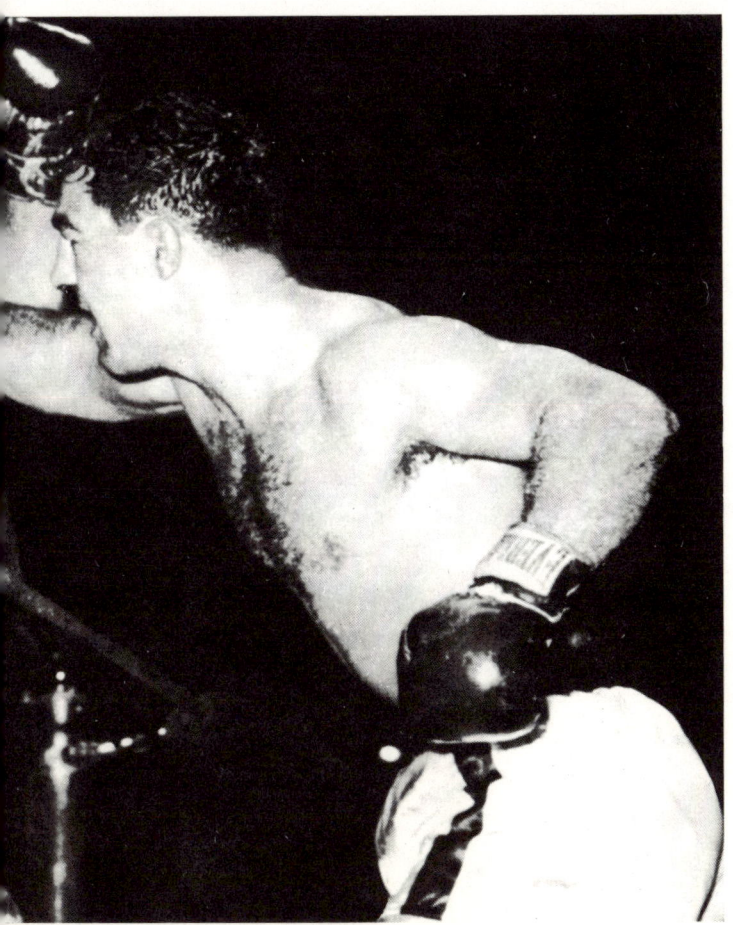

Ganze Boxer-Generationen überbrückt dieses Bild. Joe Louis, Weltmeister vom 22. Juni 1937 bis zum 1. März 1949, dient der neuen weißen Hoffnung als Trittbrett zum Weltmeisterschaftsthron. Am 26. Oktober 1951 zertrümmert Rocky Marciano in acht Runden den jetzt 37 Jahre alten „Braunen Bomber" – ein Jahr später ist der „Brockton Blockbuster" Weltmeister im Schwergewicht.

Baum. Flach auf dem Bauch liegend wurde Sharkey ausgezählt. Primo Carnera, das verspottete Monstrum, 26 Jahre alt, von Gangstern kontrolliert und ausgenutzt, war Weltmeister – für ein Jahr.

Dann kam Max Baer, der Spaßvogel und Playboy aus Nebraska, der sich mit einem sensationellen K.-o.-Sieg über Max Schmeling als Herausforderer Carneras qualifiziert hatte. In einem brutalen, einseitigen Kampf schlug Baer vor 52 000 Zuschauern in der Long Island City Bowl den tapsigen Italiener elf Runden lang erbarmungslos zusammen. Nach dem elften Niederschlag torkelte Carnera in der elften Runde hilflos durch den Ring und murmelte aus seinen aufgeschlagenen und verschwollenen Lippen zu Ringrichter Artie Donovan: „Fini."

Die Serie der dreißiger Jahre, in der alljährlich im Juni auf Long Island der Schwergewichtstitel seinen Besitzer wechselte, wurde 1935 fortgesetzt.

James J. Braddock, der im Rahmenprogramm zu Baer – Carnera noch für 200 Dollar geboxt hatte, schon 29 Jahre alt und bereits 22mal besiegt war, schlug den arroganten und passiven Baer über 15 Runden überraschend nach Punkten. Die 30 000 wunderten sich Runde um Runde, warum sich Baer derart zurückhielt, warum seine gefürchtete Rechte, die Schmeling und Carnera gefällt hatte, nie explodierte. In seiner Kabine später zeigte Baer den Reportern zwei dick geschwollene Hände und behauptete, daß er sie sich beide während der ersten fünf Runden gebrochen hätte.

Schmeling, Sharkey, Carnera, Baer und nun Braddock – sie alle konnten der Elite der Sullivan, Corbett, Fitzsimmons, Jeffries, Johnson, Dempsey und Tunney nicht das Wasser reichen.

Kein Wunder, daß in dieser blassen Ära weißer Weltmeister ein Kampf zum bedeutendsten der dreißiger Jahre werden sollte, bei dem es nicht um den Titel ging. Joe Louis, ein junger, ungemein begabter Neger, brachte alle Voraussetzungen mit, als erster Schwarzer seit Jack Johnson Weltmeister zu werden. Mit Primo Carnera und Max Baer hatte er bereits zwei einstige Champions k. o. geschlagen. Nun sollte er sich am 19. Juni 1936 in New York gegen den dritten Ex-Weltmeister, Max Schmeling, für einen Titelkampf mit Braddock qualifizieren.

Doch der 22jährige Youngster fand in dem routinierten Deutschen seinen Meister. Ungerührt steckte Schmeling Louis' berühmte, blitzschnelle linke Gerade weg und schlug jeweils mit seiner schweren rechten Faust zurück. In der vierten Runde ging der in 27 Kämpfen unbesiegte Joe Louis, bereits als „Brauner Bomber" allseits gefeiert, schwer zu Boden und boxte von da an nur noch mit bloßem Instinkt, bis Schmelings „Donnerfaust" ihn in der 12. Runde endgültig k. o. schlug. Das Ergebnis gehört zu den größten Sensationen der Schwergewichtsgeschichte.

Nicht der junge „Braune Bomber", sondern der deutsche Veteran hatte sich für einen Titelkampf mit James J. Braddock qualifiziert.

Doch er kam nie zustande. Das Hitler-Regime entfachte in Amerika einen Groll gegen alles Deutsche, zwangsläufig auch gegen Max Schmeling. Und der mächtige Mike Jacobs, Louis' gerissener Manager, unternahm alles, um zu verhindern, daß der Schwergewichtstitel nach Europa ging. Obwohl die New York State Boxing Commission Braddock – Schmeling als Titelkampf ansetzte, Schmeling für dieses Gefecht bereits vorgewogen worden war, erhielt Louis letztlich den Vorzug.

Braddock ließ sich von Jacobs zu einer freiwilligen Titelverteidigung überreden, ja geradezu bestechen mit der Garantie, zehn Prozent von Louis' zukünftigen Gagen zu kassieren. Ringrostig nach zweijähriger Pause hatte Braddock gegen den zehn Jahre jüngeren braunen Boxartisten keinerlei Chance und ging am 22. Juni 1937 im Comiskey Park von Chicago in der achten Runde k. o.

60 000 Zuschauer bereiteten dem neuen Champion ohrenbetäubende Ovationen. Ohne jeglichen Zwischenfall fiel nach 22 Jahren die Schwergewichtskrone wieder an einen Neger. Mit 23 war Joe Louis der bis dahin jüngste aller Schwergewichts-Weltmeister und wurde zur Legende. Zwölf Jahre lang hielt er den Titel. 25mal verteidigte er die Meisterschaft, auch gegen Max Schmeling, der bis zu seinem Rücktritt sein einziger Bezwinger bleiben sollte.

Am 22. Juni 1938 gelang ihm mit einem K.-o.-Sieg in der ersten Runde die Revanche gegen den Deutschen höchst eindrucksvoll. Sein technisch perfekter Boxstil beherrschte alle Gegner. Der „Braune Bomber" tat viel für seine ohnehin große Popularität. So stellte er während des zweiten Weltkrieges zweimal die Börsen von Weltmeisterschaftskämpfen Unterstützungsfonds der Navy und Army zur Verfügung und zog als Sergeant selbst die Uniform an. Nur einmal geriet sein Titel in Gefahr.

Am 5. Dezember 1947 schlug ihn Jersey Joe Walcott in New York in der ersten und in der vierten Runde zu Boden, hatte aber Glück, daß ihm zwei der drei Punktrichter nach 15 Runden dennoch den Punktsieg gaben. Joe Louis war von seiner eigenen Niederlage selbst derart überzeugt, daß er zu Jersey Joe hinüber in die andere Ringecke ging und ihm bedauernd auf die Schulter klopfte: „Sorry Joe."

Am 1. März 1949, 35 Jahre alt, in 61 Kämpfen nur einmal geschlagen, als Weltmeister unbesiegt, verkündete der berühmte „Braune Bomber" seinen Rücktritt.

Welche Lücke Louis hinterließ, erfuhren 30 000 gelangweilte Zuschauer drei Monate später in demselben Comiskey Park von Chicago, wo die Louis-Legende zwölf Jahre zuvor ihren Anfang genommen hatte. Ezzard Charles, mit 83 Kilo fast ein Halbschwergewicht, und der alte Krieger Jersey Joe Walcott, der in zwei Kämpfen Joe Louis dreimal zu Boden geschlagen hatte, stritten um das Erbe des „Braunen Bombers". Charles (27), eiskalt und wieselflink, kämpfte ohne Risiko und gewann sicher nach Punkten. Doch nur die National Boxing Association erkannte Charles als Champion an.

Erst als Steuerforderungen Joe Louis zu einem Comeback zwangen und Charles am 27. September 1950 den alten Meister mit einem Punktsieg abwies, fand der Neger aus Cincinnati auch die Anerkennung der mächtigen New Yorker Boxbehörde.

Trotz der Niederlage und obwohl schon 37, boxte Joe Louis aus finanziellen Nöten weiter, bis er unter den hämmernden Fäusten der jungen Kampfmaschine Rocky Marciano eine demütigende K.-o.-Niederlage erlitt. Am 26. Oktober 1951 endete die Louis-Legende in New York somit auf nahezu tragische Weise. Viele seiner Bewunderer hätten sich gewünscht, der „Braune Bomber" wäre nie zurückgekehrt und hätte nicht solche Schmach auf sich laden müssen.

Rocky Marciano, diese menschliche Maschine, die mit ihren kurzen, stämmigen Armen alles zertrümmerte, was sich ihr in den Weg stellte, beendete auch die langweilige WM-Serie zwischen Charles und Walcott. Insgesamt viermal boxten die beiden Neger um den Titel. Beim dritten Mal schlug Walcott den Erzrivalen k. o. und wurde so mit über 37 Jahren zum ältesten aller Schwergewichts-Weltmeister.

Eine 23jährige Karriere hatte ihn alle Tricks und Raffinessen gelehrt, und sie schienen auch auszureichen, um den Marsch Marcianos aufzuhalten. Jersey Joe hatte den in 42 Kämpfen unbesiegten Herausforderer in der ersten Runde erstmals in seiner Laufbahn auf die Bretter gezwungen, lag bei allen drei Punktrichtern nach 13 Runden bereits uneinholbar nach Punkten vorn, doch seine Cleverness und sein Alter mußten sich letztlich der jugendlichen Kraft Marcianos unterwerfen. Eine „mörderische" Rechte zum Kinn, und Jersey Joe war erledigt. 23. September 1952, Municipal Stadion von Philadelphia, die Welt hatte wieder einen großen Champion, den Mann mit der vernichtendsten Schlagkraft seit Jack Dempsey.

Sechsmal in drei Jahren verteidigte der „Fels" seinen Titel, leider nie gegen den hünenhaften Kubaner Nino Valdes, jahrelang die Nummer eins der Weltrangliste. Marcianos rauher und robu-

Cassius Clay, der sich später Muhammad Ali nennen wird, hat seine Herrschaft angetreten. Ex-Weltmeister Jersey Joe Walcott, der Ringrichter, schickt den jungen Champion in die neutrale Ecke, ehe er den „häßlichen Bär" Sonny Liston auszählt. Es ist die erste Runde des Revanchekampfes, nachdem Liston in der ersten Begegnung unter dubiosen Umständen nach der sechsten Runde aufgegeben hatte.

ster Kampfstil bedeutete aber nicht nur Vernichtung für all seine Gegner, sondern gleichzeitig Raubbau an der eigenen Gesundheit. Er erlitt schwere Gesichtsverletzungen. Ezzard Charles zermalmte seine Nase. Seine Frau drängte ihn daher immer wieder, mit dem Boxen Schluß zu machen. In seinem letzten Kampf am 21. September 1955 in New York mußte Rocky Marciano gegen den alten Ring-Veteranen Archie Moore in der ersten Runde abermals zu Boden. Ein Aufschrei der

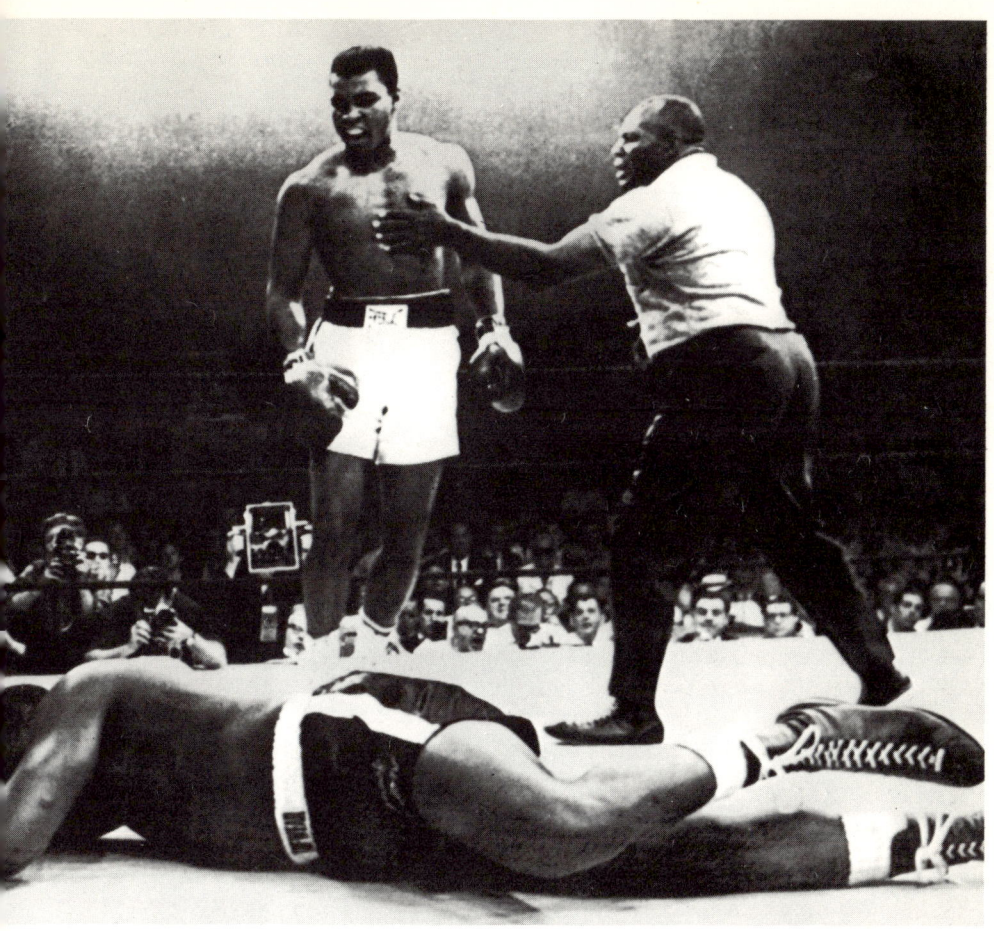

60 000 Zuschauer im Yankee Stadium. Doch der Rock stand, wie gegen Walcott, instinktiv wieder auf und walzte auch diesen „Box-Opa" – bis zur 9. Runde – nieder.

Danach trat er zurück. Als einziger Champion, der in seiner gesamten Laufbahn nie geschlagen worden war, der einzige neben Gene Tunney, der allen noch so großen Verlockungen zu einem Comeback widerstand.

Viele Fight-Fans hätten ihn gern noch gegen Floyd Patterson kämpfen gese-hen, gegen diesen schweigsamen und vom Trainingseifer förmlich besessenen jungen Neger, der als 17jähriger 1952 Olympiasieger im Mittelgewicht geworden war. Da er nicht mehr gegen Rocky kämpfen konnte, boxte er um sein Erbe und schlug im Kampf um den vakanten Titel am 30. November 1956 in Chicago den alten Archie Moore, der 22 Jahre älter war, in der fünften Runde k. o.

Floyd Patterson machte Boxgeschichte. Nicht nur, weil er mit 21 der jüngste aller Schwergewichts-Weltmeister wurde. Er brach auch als erster das seit 70 Jahren geltende ungeschriebene Gesetz: „They never come back." Patterson gelang, was keinem seiner 19 Vorgänger geglückt war, er holte den Titel zurück. Nur drei, Sullivan, Tunney und Marciano, waren nicht als Ex-Weltmeister ins Boxgeschäft zurückgekehrt. Acht hingegen hatten nochmals um die Weltmeisterschaft gekämpft und verloren, Corbett (zweimal), Fitzsimmons, Jeffries, Dempsey, Schmeling, Louis, Charles (dreimal) und Walcott.

Floyd Patterson aber gelang es, sich für die ebenso sensationelle wie grausame Niederlage zu rächen, die ihm der Schwede Ingemar Johansson am 26. Juni 1959 im New Yorker Yankee Stadium zugefügt hatte. Wie ein Blitz aus heiterem Himmel traf ihn „Thors Hammer" in der dritten Runde. 30 000 hielten den Atem an. Patterson, obwohl nahezu bewußtlos, stand sofort wieder auf, instinktiv. Noch sechsmal wurde er in dieser Runde zu Boden geschmettert, und er hätte sich wahrscheinlich totschlagen lassen, hätte nicht Ringrichter Ruby Goldstein das Massaker beendet.

360 Tage später war die Schmach vergessen: Zwei perfekte linke Haken legten den Schweden in der fünften Runde flach auf den Rücken. Es dauerte zehn Minuten, bis die Ärzte Ingemar Johansson wieder zu Bewußtsein brachten. Derweil feierten 45 000 Patterson und das historische Ergebnis.

Auch im dritten Duell mit Johansson blieb Patterson siegreich, aber dieser Kampf deckte erneut die große Schwäche des jungen Negers auf: Er hatte ein Glaskinn. Zweimal fällte ihn Johansson in der ersten Runde.

Mit diesem Handikap hatte Floyd Patterson gegen Sonny Liston keinerlei Chance. Sonny Liston, dieser massige und mürrische schwarze Hüne, der das Boxen im Gefängnis lernte und dessen Karriere immer wieder von Haftstrafen unterbrochen wurde, besaß die mächtigsten Fäuste aller Schwergewichts-Weltmeister. Sie waren sogar noch klobiger als die des Primo Carnera.

Die meisten der 100-Dollar-Ringplatz-Prominenten hatten in Chicagos Comiskey Park am 25. September 1962 kaum Platz genommen, da war auch schon alles vorbei. Nach zwei Minuten und sechs Sekunden wurde Patterson ausgezählt. Joe Louis riet von einer Revanche ab, doch Patterson glaubte, sich wie gegen Johansson rächen zu können. Ein Irrtum. Er blieb beim zweiten Mal gerade vier Sekunden länger auf den Beinen.

In die Ära der Patterson-Kämpfe gegen Johansson und Liston fiel auch der Beginn des Closed-Circuit-Zeitalters, in dem die Boxkämpfe auf riesige Leinwände in Kinos und Sporthallen projiziert wurden. Der zweite Patterson-Johansson-Kampf wurde in 229 TV-Theatern live übertragen, lockte 484 894 Zuschauer in die Boxkampf-Kinos und brachte hier allein eine Einnahme von 2,02 Millionen Dollar. Der einzigartige Rekord von 2 658 660 Dollar, die 104 943 Zuschauer am 22. September 1927 im Soldiers Field von Chicago für den zweiten Tunney-Dempsey-Kampf gezahlt hatten, konnte nicht länger bestehen.

Mit Hilfe von Fernseh-Satelliten wurden die großen Ringschlachten bald in alle Welt ausgestrahlt. In diese Epoche, in der die Weltmeisterschaft zu einem Ereignis wurde, an dem die ganze Welt teilhaben konnte, platzte der exzentrischste aller Champions, Cassius Clay, wie geschaffen für das Fernseh-Zeitalter, ein Showmann vom Scheitel bis zur Sohle, wahrscheinlich der genialste Boxer aller Zeiten, ein Mann, der die Massen faszinierte, vor allem aber auch Leute interessierte, die bis dahin keinen Gedanken für das Boxen verschwendet hatten.

Er brach mit dem Brauch, daß im Ring nur die Fäuste etwas zu sagen hatten. Ebenso flink wie seine Fäuste waren seine Füße und vor allem sein nimmermüdes Mundwerk. Das „Großmaul" sagte die Runde voraus, in der er seine Gegner erledigte, seine Rivalen beschimpfte und beleidigte er.

Sonny Liston nannte er den „häßlichen Bären", dem er am 25. Februar 1964 im Miami Beach Auditorium zum Titelkampf gegenübertrat. Nach nur 19 Profikämpfen räumte dem Schreihals kaum einer eine Chance ein gegen den Riesen. 7:1 standen die Wetten für den Weltmeister, vor dem das 22jährige Bürschchen eigentlich in Ehrfurcht hätte erzittern müssen.

Doch umgekehrt. Dem einfältigen Sonny Liston war dieser Verrückte unheimlich. Nach der sechsten Runde blieb Sonny Liston auf seinem Hocker sitzen und trat zur siebenten Runde nicht mehr an. Die Clay-Ecke spielte verrückt.

Es dauerte über eine Viertelstunde, bis der Ansager den 8297 Zuschauern verkündete, daß Liston wegen einer Schulterverletzung habe aufgeben müssen. Aufruhr unter den Zuschauern, denn sie glaubten, Liston sei einfach feige ausgestiegen.

Das traurige Bild, wie der Hüne da auf seinem Stuhl hockte, ins Leere stierte, wie Blut von einer Verletzung unter dem linken Auge auf den Ringboden tröpfelte, schien die weitverbreitete Ansicht zu bestätigen. Die Boxkommission sperrte Listons Börse bis zur Untersuchung durch zwei Ärzte.

Cassius Clay schockte nach dem Triumph die amerikanische Öffentlichkeit mit der Nachricht, daß er sich der extremen Neger-Bewegung der „Black Muslims" angeschlossen, seinen „Sklavennamen" Cassius Clay abgelegt habe und sich nun Muhammad Ali nenne. Verhaßt wie einst Jack Johnson war er dann endgültig bei Amerikas Patrioten, als er den Wehrdienst verweigerte, weil er nichts „gegen diese Vietcong" habe.

Er wurde zu fünf Jahren Haft verurteilt, eine Strafe, die er freilich nie verbüßen mußte. Doch die übereifrigen Boxverbände sprachen ihm den Titel ab und entzogen ihm die Lizenz. Der Schwergewichts-Weltmeister wurde 1967 in die Verbannung geschickt.

In Nachfolge-Turnieren traten Alis einstiger Sparringspartner Jimmy Ellis und der Olympiasieger von Tokio, Joe Frazier, das Erbe als rivalisierende Weltmeister an. Im Kampf um die alleinige Herrschaft schlug Frazier am 16. Februar 1970 im New Yorker Madison Square Garden Jimmy Ellis in der fünften Runde k. o. Doch der Schatten Muhammad Alis lastete auf Joe Fraziers Schultern. So lange sein Vorgänger im Exil leben mußte, konnte er sich nur Champion von „Alis Gnaden" nenne.

Ali gewann schließlich seinen langwierigen und kostspieligen Rechtsstreit: Der oberste Gerichtshof in Washington entschied, das Boxverbot sei nicht Rechtens. Die Stimmung für das Engagement in Vietnam war in Verdruß umgeschlagen. Alis Wehrdienstverweigerung galt bei der amerikanischen Jugend längst nicht mehr als unpatriotischer Akt, sondern als bewundernswerte Tat. Ali durfte nach drei Jahren wieder boxen.

Dem Kampf des Jahrhunderts, dem Kampf der Giganten, stand nichts mehr im Weg. Zwei unbesiegte Schwergewichts-Weltmeister im Duell, das hatte es noch nie gegeben. 2,5 Millionen Dollar kassierten die beiden Ring-Heroen für ihre denkwürdige Ringschlacht, die Frazier am 8. März 1971 im New Yorker Madison Square Garden über 15 Runden nach Punkten gewann. Das Ende der Ali-Ära?

Frazier, faul und fett geworden, büßte seinen Titel zwei Jahre später in Kingston auf Jamaika gegen George Foreman ein, und Nat Fleischer hätte seine Ansicht über Muhammad Ali wahrscheinlich revidiert, hätte er das „schwarze Happening" von Kinshasa noch miterlebt, als Ali mit einer geradezu meisterhaften Strategie den brutalen Schläger George Foreman in der achten Runde durch K. o. besiegte. Mit 32 Jahren, zehn Jahre nach seinem ersten Titelgewinn, vier Jahre nach seiner Rückkehr aus dreijähriger Verbannung, war Muhammad Ali wieder Weltmeister, die bekannteste Persönlichkeit des Universums und wieder ein gefeierter Star.

Das Boxgenie Muhammad Ali, dessen flinke Fäuste und schnelle Beine hielten, was sein nimmermüdes Mundwerk versprach, dessen Charisma das stagnierende Boxgeschäft Anfang der sechziger und Anfang der siebziger Jahre schlagartig belebte, entfachte die Diskussionen, wer der Beste aller Zeiten war, aufs neue. Ring-Autorität Nat Fleischer hielt bis zu seinem Tod 1972 daran fest, daß die Oldtimer besser waren als die Fighter des Fernseh-Zeitalters. Für ihn blieb Jack Johnson das Nonplusultra im Boxring.

„Ich habe stets daran festgehalten, daß in bezug auf Allround-Können, Verteidigung und Ringbeherrschung Jack Johnson der größte Techniker der Ring-Geschichte war", beharrte Fleischer, der seit 1906 als Sportjournalist gearbeitet und nahezu alle Ringgrößen persönlich gekannt hatte.

In seiner Rangliste der besten Schwergewichtler aller Zeiten fand Muhammad Ali nicht einmal einen Platz unter den erwählten Zehn. Fleischers Rangfolge: 1. Jack Johnson, 2. Jim Jeffries, 3. Bob Fitzsimmons, 4. Jack Dempsey, 5. Jim Corbett, 6. Joe Louis, 7. Sam Langford (der nicht einmal Weltmeister war), 8. Gene Tunney, 9. Max Schmeling, 10. Rocky Marciano.

Die Boxweltmeister aller Klassen

John L. Sullivan

Weltmeister 1882–1892

In Boston hob er einmal einen entgleisten Straßenbahnwagen wieder auf die Schienen. Mit ähnlichen Kraftakten „verdiente" sich der zum Prahlen neigende John Lawrence Sullivan aus Roxbury, Massachusetts, den ehrenvollen Spitznamen „Boston Strong Boy", der „Bostoner Kraftprotz".

Weltweiten Ruhm erntete John L. Sullivan indes nicht mit derlei Volksbelustigungen, sondern mit seinen Fausttaten im Boxring. Er gilt als der letzte Schwergewichts-Weltmeister, der noch mit bloßen Fäusten kämpfte, und als der erste Champion mit Fäustlingen. Mit 1,78 m und 91 kg nicht gerade ein Riese von einem Kerl, entpuppte er sich doch bald als ein ungemein harter Schläger, mit dem es nur ganz wenige aufnehmen konnten. Mit großen Worten ließ er es auch alle Welt wissen. Bald glaubte es halb Amerika, und dem mächtigen John L. einmal die Hand geschüttelt zu haben, war schon eine besondere Ehre.

Der am 15. Oktober 1858 geborene John L. Sullivan, ein Amerikaner irischer Abstammung, begann seine Karriere 1878 als Zwanzigjähriger. Sein erster großer Sieg war der Triumph über Paddy Ryan aus Tipperary, den er vor dem Barnes Hotel in Mississippi City in der 9. Runde k.o. schlug. Es ging um 5000 Dollar und um die Meisterschaft von Amerika.

Nach diesem Sieg 1882 verkündete er, es würde keiner vier Runden gegen ihn durchhalten. Es fehlte nicht an Herausforderern, doch allein Tug Collins gelang es, die Aufgabe zu meistern. Er rannte nur davon oder klammerte sich an John L. fest und erreichte so das Ende der vierten Runde.

Dennoch gab es niemanden, der John L. hätte besiegen können. Im Theater von Boston verliehen die Stadtväter ihrem berühmten Bürger einen Weltmeisterschaftsgürtel, der mit Diamanten besetzt war und dessen Wert mit 10 000 Dollar angegeben wurde.

Ein Weltmeister mußte auch etwas von der Welt gesehen haben. Vor dem Prince of Wales, dem späteren König Edward VII., zeigte er seine Künste und Kraft in einem Schaukampf in den St. James Barracks. In Paris verteidigte er seinen Titel gegen den Engländer Charley Mitchell in einem über 39 Runden und mehr als drei Stunden dauernden Kampf. Es goß in Strömen, Mitchell gelang es als erstem Boxer, den großen John L. zu Boden zu zwingen. Schließlich einigten sich beide auf Unentschieden.

Ein Jahr später, 1889, nahm er die Herausforderung des aus Irland eigens herbeigeholten Jake Kilrain an, für einen Kampf, der in ganz Amerika riesiges Interesse fand.

Es ging um 10 000 Dollar. Nach 75 Runden, nach 2:16:23 Stunden, blieb der Ire bewußtlos liegen. Sullivan beanspruchte den Titel eines Weltmeisters und erklärte, daß er nun nie mehr mit bloßen Fäusten kämpfen werde.

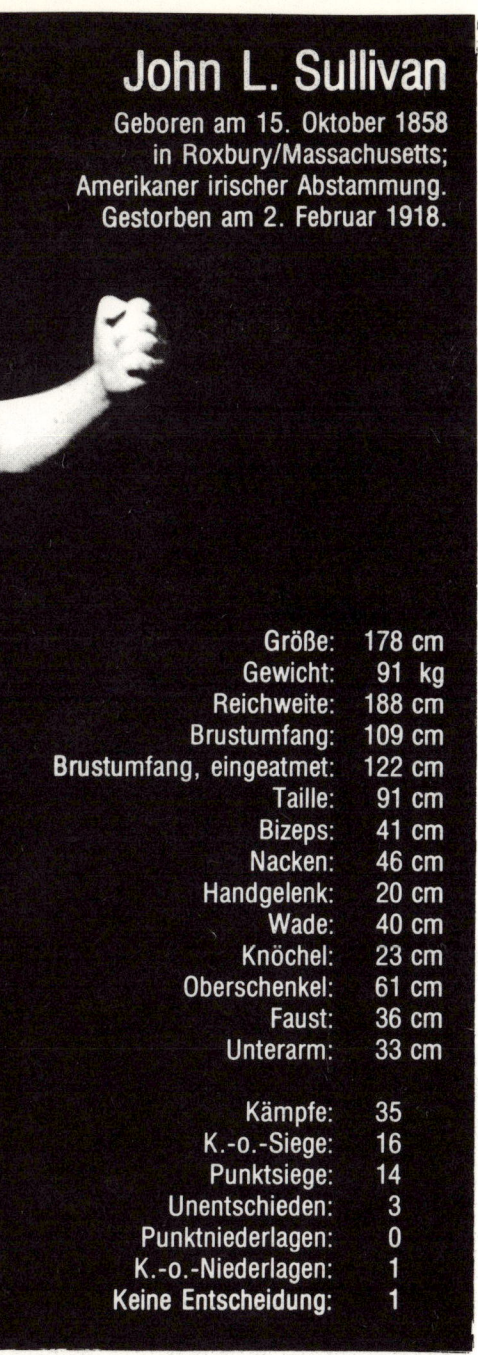

John L. Sullivan

Geboren am 15. Oktober 1858
in Roxbury/Massachusetts;
Amerikaner irischer Abstammung.
Gestorben am 2. Februar 1918.

Größe:	178 cm
Gewicht:	91 kg
Reichweite:	188 cm
Brustumfang:	109 cm
Brustumfang, eingeatmet:	122 cm
Taille:	91 cm
Bizeps:	41 cm
Nacken:	46 cm
Handgelenk:	20 cm
Wade:	40 cm
Knöchel:	23 cm
Oberschenkel:	61 cm
Faust:	36 cm
Unterarm:	33 cm
Kämpfe:	35
K.-o.-Siege:	16
Punktsiege:	14
Unentschieden:	3
Punktniederlagen:	0
K.-o.-Niederlagen:	1
Keine Entscheidung:	1

Der Erfolg stieg ihm zu Kopf. Er trainierte und kämpfte wenig, dafür feierte er um so mehr. Zwei Jahre tingelte er als „Schauspieler" in dem Melodrama „Honest Hearts and Willing Hands" durchs Land. Er wurde faul und fett und geriet völlig außer Form. So hatte er keine Chance gegen den eleganten James J. Corbett, gegen den er (mit Handschuhen) am 7. September 1892 seinen Titel im Olympic Club von New Orleans verteidigte. John L. wurde von dem acht Jahre jüngeren und 15 Kilo leichteren Herausforderer deklassiert und in der 21. Runde k. o. geschlagen.

Trotz der schmachvollen Niederlage blieb John L. Sullivan bis zu seinem Tod am 2. Februar 1918 in Abingdon ein Idol. Corbett war der einzige, der ihn in 35 Kämpfen besiegte. Nach der Niederlage boxte John L. Sullivan nur noch dreimal und zog nach seinem Rücktritt als „Evangelist" durch die USA und predigte gegen den Alkoholismus.

James J. Corbett

Weltmeister 1892–1897

Er kleidete sich stets nach der letzten
Mode, verstand charmant zu plaudern
und sah ungemein gut aus: Als „Gentleman Jim" ging James J. Corbett in die
Boxgeschichte ein. Seine Geschichte,
der Aufstieg vom kleinen Bankange-
stellten in San Francisco zum Box-
Champion der Welt, wurde später sogar
verfilmt. Errol Flynn spielte den Boxer,
der brutale Kraft im Ring durch intelli-
gente Boxtechnik ersetzte. Er entwik-
kelte eine schnelle linke Gerade und
bewegte sich auf flinken Beinen.

Als Boxer berühmt wurde der Beau
von der Westküste 1891 durch seinen
Kampf gegen Peter Jackson, einen Neger von den Westindischen Inseln, dem
John L. Sullivan stets aus dem Weg gegangen war. 61 Runden lang kämpften
sie um die 10 000 Dollar. Dann war
Ringrichter Hiram Cook müde und
wollte ins Bett. Er brach den Kampf ab
und ging heim. Den Boxern wurden nur
je 2500 Dollar ausgezahlt. Als er ausge-
schlafen hatte, gab Cook ein Unentschieden.

Der Kampf brachte Corbett immerhin
die Chance, Sullivan herauszufordern.
Doch es dauerte 15 Monate, bis sich der
Weltmeister am 7. September 1892 in
New Orleans zum Kampf stellte. 25 000
Dollar Börse und 20 000 Dollar Preis-
geld standen auf dem Spiel. Corbett
spielte seine überlegene Technik und
große Schnelligkeit aus gegen den favo-
risierten, aber in schwacher Form bo-
xenden Titelverteidiger. Mit einem harten rechten Faustschlag auf die Kinnspitze streckte Corbett den Champion in

James J. Corbett

Geboren am 1. September 1866
in San Francisco/Kalifornien;
Amerikaner irischer Abstammung.
Gestorben am 18. Februar 1933.

Größe:	185 cm
Gewicht:	83 kg
Reichweite:	185 cm
Brustumfang:	96 cm
Brustumfang, eingeatmet:	107 cm
Taille:	84 cm
Bizeps:	37 cm
Nacken:	43 cm
Handgelenk:	16 cm
Wade:	37 cm
Knöchel:	22 cm
Oberschenkel:	53 cm
Faust:	32 cm
Unterarm:	29 cm
Kämpfe:	33
K.-o.-Siege:	9
Punktsiege:	10
Unentschieden:	6
Punktniederlagen:	2
K.-o.-Niederlagen:	3
Keine Entscheidung:	3

der 21. Runde nieder.

Den Titel verlor der „Gentleman" fünf Jahre später an einen gebürtigen Engländer, Bob Fitzsimmons. In einer eigens errichteten Arena in Carson City, Nevada, boxte Corbett vor 5000 Zuschauern den Mittelgewichts-Weltmeister anfangs souverän aus, wurde aber dann in der 14. Runde durch einen linken Schlag auf den Solarplexus besiegt.

James J. Corbett, am 1. September 1866 geboren, war der erste Schwergewichtsweltmeister nach den Queensberry-Regeln. Er war auch der erste, der an dem rund 70 Jahre währenden Gesetz „They never come back" scheiterte. Zweimal versuchte „Gentleman Jim", den Titel zurückzugewinnen. Er verlor aber beide Titelkämpfe gegen James J. Jeffries.

Nach der zweiten K.-o.-Niederlage gegen Jeffries (1903) trat Corbett zurück und konzentrierte sich auf seine zweite große Begabung, die Schauspielkunst. Mit großem Erfolg trat er in mehreren Stücken wie „Gentleman Jack", „The Naval Cadet" und „Byron Cashel's Profession" auf.

Corbett starb am 18. Februar 1933 im Alter von 67 Jahren.

Bob Fitzsimmons

Weltmeister 1897–1899

Geboren wurde er in England, aufgezogen in Neuseeland, boxen lernte er in Australien, und dreifacher Weltmeister wurde er in den USA: Bob Fitzsimmons (1862–1917) galt als ein Phänomen des Faustkampfes, das auf spindeldürren Beinen breite Schultern und einen mächtigen Brustkasten durch den Ring trug und trotz seiner grotesken Figur mit meist viel jüngeren und schwereren Gegnern fertig wurde.

Robert Fitzsimmons, den sie auch Ruby Robert und wegen seiner Sommersprossen Freckled Bob nannten, war schon 28, als er mit der Zealandia in San Francisco eintraf, um in Amerika Karriere zu machen. In 13 aufregenden Runden besiegte er Jack Dempsey, „The Nonpareil" (der Unvergleichliche), und wurde Mittelgewichts-Weltmeister.

Als Mittelgewichtler schlug er den Schwergewichtler Peter Maher innerhalb von 95 Sekunden sensationell k. o. und qualifizierte sich damit für einen Titelkampf gegen James J. Corbett.

Ehe er die große Chance erhielt, erlitt er jedoch noch seine erste Niederlage in den USA – durch den berühmt-berüchtigten Revolverhelden Wyatt Earp. Der Marshal war Ringrichter des Kampfes gegen Tom Sharkey in San Francisco und disqualifizierte Fitzsimmons in der 8. Runde wegen eines angeblichen Fouls. Das Publikum reagierte wild, doch Earp zog seine Revolver und „beruhigte" die aufgebrachten Zuschauer.

Der Titelkampf gegen Corbett fand

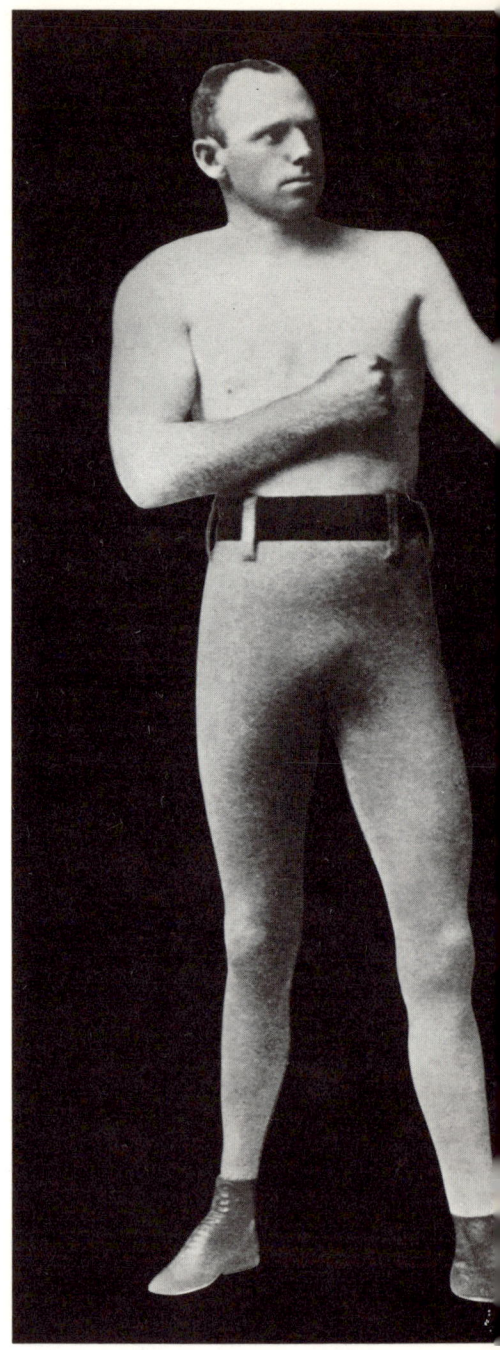

Bob Fitzsimmons

Geboren am 4. Juni 1862
in Helston/Cornwall, England. Gestorben am 22. Oktober 1917 in USA.

Größe:	182 cm
Gewicht:	78 kg
Reichweite:	182 cm
Brustumfang:	104 cm
Brustumfang, eingeatmet:	112 cm
Taille:	81 cm
Bizeps:	30 cm
Nacken:	38 cm
Handgelenk:	19 cm
Wade:	34 cm
Knöchel:	21 cm
Oberschenkel:	51 cm
Faust:	32 cm
Unterarm:	29 cm
Kämpfe:	40
K.-o.-Siege:	23
Punktsiege:	5
Unentschieden:	1
Punktniederlagen:	1
K.-o.-Niederlagen:	6
Keine Entscheidung:	4

am St. Patrick's Day 1897, am 17. März, in Carson City, Nevada, statt. Fitzsimmons war schon 35, vier Jahre älter und zwanzig Pfund leichter als „Gentleman Jim".

Den Kampf gewann eigentlich seine Frau Rose, denn sie riet Bob Fitzsimmons in den Pausen immer wieder, Corbett nicht aufs Kinn, sondern auf den Bauch zu schlagen. In der 14. Runde erspähte der bereits schwer blutende Herausforderer die Lücke, wechselte blitzschnell in die Rechtsauslage und streckte Corbett mit einem linken Schlag auf den Solarplexus nieder.

So wurde Fitzsimmons, der vor dem Kampf noch schnell die amerikanische Staatsbürgerschaft angenommen hatte, der bis heute einzige gebürtige Brite, der den begehrtesten aller Titel errang. Zwei Jahre war er Weltmeister, ohne zu boxen. Den Titel verlor er bei seiner ersten Verteidigung gegen den viel jüngeren und viel stärkeren James J. Jeffries auf Coney Island, damals New Yorks Vergnügungsviertel, durch Knockout in der 11. Runde, nachdem er sich am Eisenschädel des Kesselschmieds beide Hände gebrochen hatte.

Trotz der Niederlage fünf Tage nach seinem 37. Geburtstag war Bob Fitzsimmons' Karriere noch lange nicht beendet. Er boxte letztmals noch mit 51 Jahren, holte sich mit 41 Jahren den Halbschwergewichtstitel durch einen Punktsieg nach 20 Runden über George Gardner, nachdem er im Jahr zuvor (1902) auch die Revanche gegen Jeffries durch K. o. (8. Runde) verloren hatte. Robert Fitzsimmons, der von 40 Kämpfen nur 28 gewann, starb am 22. Oktober 1917 in Chicago an einer Lungenentzündung.

29

James J. Jeffries
Weltmeister 1899–1904

James J. Jeffries (1875–1953) aus Ohio
war der körperlich wohl stärkste aller
Schwergewichtsmeister. Die mühselige
Arbeit als Kesselschmied (Boilermaker)
verlieh ihm eine Bullenkraft, der in seiner Zeit niemand gewachsen war. Er
maß 1,87 m und wog 102 Kilo, war leicht
zu treffen, aber schier unverwundbar.

Boxen lernte er als Sparringspartner
von James J. Corbett, der ihn als Sandsack benutzte und später dafür bitter
büßen mußte. Mit 24 Jahren und nach
nur zwölf Kämpfen hatte sich der „Boilermaker" bereits für einen Titelkampf
mit Robert Fitzsimmons qualifiziert.
Auf Coney Island, New York, am 9. Juni
1899, trat der Bulle gegen das schmächtige Kerlchen aus England an, steckte
alle Schläge an seinen mächtigen und
harten Schädel weg und schlug den
Weltmeister in der 11. Runde k. o.

Wahre Ringschlachten waren Jeffries' erste Titelverteidigungen. Noch im
November 1899 lieferte er sich mit Tom
Sharkey eine brutale Prügelei, die nach
25 Runden mit seinem Punktsieg endete. Und gegen James J. Corbett, am 11.
Mai 1900 auf Coney Island, war er wieder der alte „Sandsack", 23 Runden
lang. Da verfing sich Corbett in den Sei-
len und wurde von einer krachenden
Rechten aufs Kinn k. o. geschlagen.

Jeffries gewann auch die Revanchen
gegen Fitzsimmons (8.) und Corbett
(10.) durch k. o. und erklärte nach dem
K.-o.-Sieg über Jack Munroe am 26.
August 1904 seinen Rücktritt. Er fand
keine gleichwertigen Gegner mehr.

Jeffries trat unbesiegt in 22 Kämpfen,

James J. Jeffries

Geboren am 15. April 1875
in Carroll/Ohio;
Amerikaner schottisch-holländischer
Abstammung.
Gestorben am 3. März 1953.

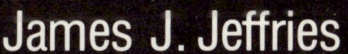

Größe:	187 cm
Gewicht:	102 kg
Reichweite:	194 cm
Brustumfang:	109 cm
Brustumfang, eingeatmet:	123 cm
Taille:	89 cm
Bizeps:	41 cm
Nacken:	46 cm
Handgelenk:	20 cm
Wade:	43 cm
Knöchel:	25 cm
Oberschenkel:	63 cm
Faust:	34 cm
Unterarm:	34 cm
Kämpfe:	23
K.-o.-Siege:	16
Punktsiege:	4
Unentschieden:	2
Punktniederlagen:	0
K.-o.-Niederlagen:	1
Keine Entscheidung:	0

darunter allein acht Weltmeister-schafts-Begegnungen, ab. 16 seiner Gegner hatte er k. o. geschlagen.

Er zog sich auf seine Farm in Burbank, Kalifornien, zurück und wollte eigentlich nur noch einmal im Ring auftreten, um als Ringrichter den Kampf um sein Erbe zwischen Marvin Hart und Jack Root zu leiten.

Doch dann wurde dieser verhaßte Neger Jack Johnson Weltmeister, und weit und breit fand sich kein Weißer, der ihn hätte schlagen können. Amerika schrie nach James J. Jeffries, und der alte Champion konnte sich dem Ruf nach der „weißen Hoffnung" nicht länger entziehen. Sechs Jahre nach seinem Rücktritt, bereits 35 Jahre alt und von seiner einstigen Bullenkraft und Glanzform weit entfernt, verlor Jeffries gegen den schwarzen Hünen am 4. Juli 1910 in Reno, Nevada, durch Knockout in der 15. Runde; eine Schmach für das weiße Amerika an seinem Nationalfeiertag. James J. Jeffries' Niederlage kam einem nationalen Unglück gleich.

Jeffries starb nach langer Krankheit auf seiner Farm in Burbank im Alter von 78 Jahren am 3. März 1953.

Tommy Burns
Weltmeister 1906–1908

Mit gerade 1,70 m und nicht einmal 81 Kilo war Tommy Burns (1881–1955) der kleinste aller Schwergewichts-Weltmeister. Er galt nur als Halbschwergewichtler, aber sein Mut und sein unbegrenztes Selbstvertrauen halfen ihm, selbst mit den schwersten Brocken fertig zu werden. Tommy hatte gelernt, äußerst genau zu schlagen und seine Schläge auf die empfindlichsten Stellen des Körpers zu konzentrieren.

Tommy Burns, ein Frankokanadier, wurde als Noah Brusso in Hanover geboren und entpuppte sich bald als ein Allround-Athlet, der im Baseball ebenso erfolgreich war wie im Boxen. Als 19jähriger entschied er sich für eine Profikarriere im Boxring und verlor von 38 Kämpfen nur drei nach Punkten, ehe er den Jeffries-Nachfolger Marvin Hart im Februar 1906 über zwanzig Runden nach Punkten besiegte. Tommy Burns bezeichnete sich selbstbewußt als rechtmäßigen Weltmeister und fand bald überall Anerkennung.

Er benötigte keinen Manager, sondern war schlau und gerissen genug, seine Boxgeschäfte auch außerhalb des Rings selbst zu erledigen. Zehnmal verteidigte er in den folgenden zweieinhalb Jahren seinen Titel erfolgreich und auf höchst lukrative Weise, nahm bis auf Jack Johnson jeden Herausforderer an. Johnson war ihm noch zu gefährlich.

Tommy Burns reiste nach Europa, besiegte in London den englischen Meister Gunner James Moir und Jack Palmer, in Dublin den irischen Meister Jem Roche und in Paris den australischen Meister

Tommy Burns

Geboren am 17. Juni 1881
in Hanover;
Kanadier französischer Abstammung.
Gestorben am 10. Mai 1955.

Größe:	170 cm
Gewicht:	81 kg
Reichweite:	189 cm
Brustumfang:	101 cm
Brustumfang, eingeatmet:	111 cm
Taille:	84 cm
Bizeps:	37 cm
Nacken:	41 cm
Handgelenk:	18 cm
Wade:	42 cm
Knöchel:	21 cm
Oberschenkel:	56 cm
Faust:	30 cm
Unterarm:	33 cm
Kämpfe:	60
K.-o.-Siege:	36
Punktsiege:	10
Unentschieden:	8
Punktniederlagen:	4
K.-o.-Niederlagen:	1
Keine Entscheidung:	1

Bill Squires, den er schon einmal in Kalifornien ausgeknockt hatte. Tommy Burns sorgte dafür, daß die Schwergewichts-Weltmeisterschaft nicht länger nur eine rein amerikanische Angelegenheit war.

Jack Johnson folgte Tommy Burns nach England, und der Champion riß nach Australien aus. Hier machte ihm der Promoter Hugh D. McIntosh einen Vorschlag: „Du kannst Johnson nicht ewig davonlaufen. In Amerika lassen sie dich nicht gegen Johnson antreten, aus Angst vor Rassenunruhen. Warum stellst du dich dem Neger nicht einfach hier?"

„Ich verlange 6000 Pfund, gleichgültig ob Sieg, Niederlage oder Unentschieden", forderte Burns. 6000 Pfund, das war für die damalige Zeit eine außergewöhnlich hohe Börse, selbst für den Schwergewichts-Weltmeister. McIntosh machte Burns einen noch besseren Vorschlag. Er bot ihm 15 000 Pfund für drei Kämpfe in Australien. Die beiden ersten sollten ihn in Australien für den großen Kampf gegen Johnson bekannt und populär machen.

Burns willigte ein, schlug innerhalb von neun Tagen die beiden Australier Bill Squires (zum drittenmal) und Bill Lang k. o. Dann kletterte er am zweiten Weihnachtsfeiertag 1908 in Sydney zu seinem Schicksalskampf gegen Jack Johnson in den Ring. Tommy Burns war in allen Belangen dem schwarzen Hünen unterlegen, wehrte sich so tapfer und mutig wie nur möglich. Die Polizei verhinderte in der 14. Runde, daß er k. o. geschlagen wurde.

Tommy Burns bestritt danach bis 1920 noch sechs Kämpfe.

Jack Johnson
Weltmeister 1908–1915

Nat Fleischer, bis zu seinem Tod 1972 Chefredakteur und Herausgeber der 1922 von ihm gegründeten Fachzeitschrift „The Ring", Sportjournalist seit 1906 und Verfasser von über 50 Büchern über Boxen, hielt Jack Johnson (1878–1946) für das Nonplusultra im Boxring. Johnson war der erste Neger unter den Schwergewichts-Champions und deswegen auch der meistgehaßte. Er begnügte sich nicht damit, seine weißen Gegner zu verprügeln, er verhöhnte und verspottete sie, machte die „Herrenmenschen" lächerlich und provozierte mit seiner öffentlich zur Schau getragenen Arroganz das weiße Amerika.

Jack Johnson wurde am 31. März 1878 in Galveston, Texas, geboren und arbeitete in den Baumwollfeldern des Südens und als Stallbursche auf Rennbahnen, ehe er durchs Land zog und sich in Boston mit dem späteren Weltergewichts-Weltmeister Joe Walcott anfreundete. Hier lernte der 1,83 Meter große Texasneger boxen, bestritt 1897 seinen ersten Kampf und blieb rund dreißig Jahre aktiv.

„Little Artha" oder „The Galveston Giant", wie Jack Johnson genannt wurde, forderte 1906 den neuen Weltmeister und legitimen Jeffries-Nachfolger Tommy Burns heraus und folgte dem Frankokanadier bis nach Australien, wo er am 26. Dezember 1908 endlich die Chance erhielt.

„Schlag hier hin, Tommy", provozierte Johnson seinen Gegner und gab sich bewußt eine Blöße. Doch sobald

34

Jack Johnson

Geboren am 31. März 1878
in Galveston/Texas, USA.
Gestorben am 10. Juni 1946.

Größe:	183 cm
Gewicht:	101 kg
Reichweite:	188 cm
Brustumfang:	95 cm
Brustumfang, eingeatmet:	109 cm
Taille:	91 cm
Bizeps:	41 cm
Nacken:	44 cm
Handgelenk:	27 cm
Wade:	38 cm
Knöchel:	24 cm
Oberschenkel:	57 cm
Faust:	36 cm
Unterarm:	37 cm
Kämpfe:	97
K.-o.-Siege:	33
Punktsiege:	35
Unentschieden:	10
Punktniederlagen:	2
K.-o.-Niederlagen:	3
Keine Entscheidung:	14

Burns der Einladung folgte, wich Johnson zurück oder mit einem Sidestep elegant zur Seite und verurteilte den Schlag zur völligen Wirkungslosigkeit. Der schwarze Riese grinste nur und reizte Burns mit immer neuen Sprüchen. Der Kampf ging bis zur 14. Runde, dann schritt die Polizei ein und beendete das ungleiche Gefecht.

Weder der Mittelgewichts-Weltmeister Stanley Ketchel noch der aus dem Ruhestand in den Ring zurückbeorderte James J. Jeffries oder Jim Flynn konnten den Entrüstungsschrei des weißen Amerika nach der „weißen Hoffnung" erfüllen.

Jack Johnsons Siege, seine schwarze Hautfarbe und seine Arroganz brachten ihn mit den Regierungsbehörden bald in große Schwierigkeiten. Johnson schürte den Haß, als er sich von seiner farbigen Frau scheiden ließ und eine Weiße heiratete, die bald Selbstmord beging. Johnson heiratete zum dritten Mal, wieder eine weiße Frau, einen Teenager, und verstieß gegen den „Mann Act", ein Gesetz, das aus „moralischen Gründen" die Beförderung weißer Frauen in Begleitung von Negern verbot.

Johnson wurde angeklagt und zu einem Jahr und einen Tag Haft verurteilt. Gegen Kaution blieb er jedoch frei und setzte sich nach Europa ab. Das war 1912. Nahezu drei Jahre blieb er im Exil. Er lebte auf großem Fuß von dem Geld, das er durch Auftritte in Musikhallen und Nachtklubs in London und Paris verdiente. Kämpfe wurden ihm nur wenige angeboten. In England untersagte das Innenministerium Johnson-Kämpfe aus Angst, ein Sieg des Negers über einen Weißen, etwa den britischen Champion Bombardier Billy

Wells, könnte sich höchst negativ auf Großbritanniens Kolonien auswirken.

Johnson boxte dreimal in Paris, gegen Andre Sproul, gegen einen anderen Neger, Jim Johnson, und gegen den weißen Amerikaner Frank Moran. Gegen den Neger verteidigte er den Titel durch ein Unentschieden, gegen den Weißen durch einen Punktsieg. Bei Ausbruch des Weltkrieges floh er nach London, und hier wäre er vielleicht für den Rest seines Lebens geblieben, wenn ihn nicht der gerissene amerikanische Manager Jack Curley zu einer Titelverteidigung gegen Jess Willard, die neue „weiße Hoffnung" Amerikas, überredet hätte. Der Kampf sollte außerhalb der USA stattfinden, um ihn vor dem Zugriff der Behörden zu schützen. Curley deutete obendrein an, daß Johnson bei einer Niederlage unbehelligt in die USA zurückkehren könnte.

Jack Johnson, bereits 37 Jahre alt, büßte seinen Titel nach sieben Jahren in der Tat in jenem berühmt-berüchtigten Kampf am 5. April 1915 in Havanna gegen den weißen Hünen Jess Willard ein. Von dem Kampf heißt es, er sei die größte Schiebung der Boxgeschichte gewesen. Als Indiz wurde dabei angeführt, daß Johnson, als er sich in der 26. der angesetzten 45 Runden auf dem Rücken liegend auszählen ließ, den Arm zum Schutz vor der stechenden Sonne vor das Gesicht hielt.

In der Redaktion von „The Ring" in New York kann man bis zum heutigen Tag ein schriftliches Bekenntnis von Johnson besichtigen, in dem er schwört, das Ende des Kampfes sei abgesprochen gewesen. Er habe sich hinlegen müssen. Später hat Johnson dieses Geständnis zwar widerrufen, doch „seine Zunge

Am 5. April 1915 in Havanna auf Kuba. Jack Johnson, der erste schwarze Boxweltmeister im Schwergewicht, wird im Titelkampf mit Jess Willard in der 26. Runde ausgezählt. Der Knockout ist immer rätselhaft geblieben. Johnson hat später in einem Brief erklärt, er habe sich absichtlich auszählen lassen. Der Verdacht bestand, daß er dies tun mußte, um der „weißen Hoffnung" zum Sieg zu verhelfen.

richtete sich stets nach seinen finanziellen Bedürfnissen", wie „The Ring" behauptet. Das Magazin muß es wissen, schließlich hatte es Johnson 250 Dollar für das „Geständnis" bezahlt.

Nat Fleischer hielt dennoch unbeirrbar an seiner Verherrlichung Johnsons fest und rechtfertigte die Niederlage von Havanna: „Seit 55 Jahren bemüht man sich, Johnsons Ansehen mit der Anschuldigung zu untergraben, er sei bestochen gewesen. Das Geständnis ist unglaubwürdig. Der Kampf ging gera-

deaus, das geschriebene Dokument war
unwahr. Das angebliche Geständnis
kann man nicht dazu benutzen, den
größten Schwergewichtler, den es jemals gegeben hat, zu entwürdigen. Jack
verlor gegen Jess, weil er einfach nicht
die Form besaß, in der brütenden Sonne
an einem heißen kubanischen Tag 45
Runden durchzuhalten", schrieb Nat
Fleischer 1970.

Als Fünfzigjähriger bestritt Johnson
am 15. Mai 1928 seinen letzten Kampf
und verlor in Kansas City gegen Bill

Hartwell in der 6. Runde durch k. o.
Eine Chance, nochmals um die Weltmeisterschaft zu boxen, hatte er nie
wieder erhalten. Noch 1945, als Sieben-
undsechzigjähriger, kletterte er in New
York zu einer Exhibition mit seinem alten Rivalen Joe Jeannette in den Ring.

Am 10. Juni 1946 kam Jack Johnson
bei einem Verkehrsunfall in Raleigh
ums Leben. Sein phantastischer
Kampfrekord umfaßt 97 Kämpfe, von
denen er ganze fünf verlor.

Jess Willard

Weltmeister 1915–1919

Er war – und ist es noch – der größte Schwergewichts-Weltmeister aller Zeiten: Jess Willard (1881–1968) maß 1,99 Meter und wog 114 Kilo. Darin erschöpft sich allerdings auch schon die „Größe" des „Pottawatomie Giant", sieht man davon ab, daß er die „weiße Hoffnung" endlich erfüllte und dem verhaßten Neger Jack Johnson den Schwergewichtstitel entriß.

Diesem K.-o.-Sieg in der 26. Runde in Havanna haftet allerdings der Makel der größten Schiebung in der Geschichte des Boxsports an. Der Argwohn, daß Johnson sich an jenem 5. April 1915 „freiwillig" unter Zwang von außen hinlegte, konnte bis heute nicht aus der Welt geschafft werden. Doch damals überschattete die allgemeine Genugtuung und Freude, nach sieben Jahren endlich wieder einen weißen Schwergewichts-Weltmeister zu haben, derlei Verdächtigungen.

Willard blieb dennoch nur fader Ruhm, denn er tat wenig, sich des Titels würdig zu erweisen. Er hatte im Grunde genommen nicht viel übrig für das Boxen. Was ihn daran interessierte, war einzig und allein das Geld. Viel lieber nahm er in Cowboy-Kluft an Rodeos teil oder trat im Zirkus auf.

Der „Giant Cowboy" verteidigte seinen Titel einmal erfolgreich, und auch nur deswegen, weil es zu jener Zeit, 1916, in New York noch keine Punktentscheidung gab. Frank Moran, der Zahnarzt aus Pittsburg, konnte den Titel nur gewinnen, wenn er Willard innerhalb von zehn Runden k. o. schlug.

Jess Willard

Geboren am 29. Dezember 1881
in Pottawatomie/Kansas;
Amerikaner englischer Abstammung.
Gestorben am 15. Dezember 1968.

Größe:	199 cm
Gewicht:	114 kg
Reichweite:	211 cm
Brustumfang:	117 cm
Brustumfang, eingeatmet:	126 cm
Taille:	90 cm
Bizeps:	44 cm
Nacken:	44 cm
Handgelenk:	25 cm
Wade:	44 cm
Knöchel:	27 cm
Oberschenkel:	66 cm
Faust:	36 cm
Unterarm:	36 cm
Kämpfe:	35
K.-o.-Siege:	20
Punktsiege:	3
Unentschieden:	1
Punktniederlagen:	4
K.-o.-Niederlagen:	2
Keine Entscheidung:	5

Moran war dem um einen Kopf größeren Riesen zwar boxtechnisch eindeutig überlegen, der Schlag, der den Giganten gefällt hätte, gelang ihm indes nicht. Nach zehn Runden gab's keine Entscheidung, Willard behielt den Titel, den er in den nächsten drei Jahren überhaupt nicht aufs Spiel setzte. Ja, Willard, der „Zirkus-Weltmeister", bestritt in dieser Zeit nur ganze drei Schaukämpfe und einen Sechs-Runder.

Bis dann der berühmteste aller Promoter, Tex Rickard, ihm 100 000 Dollar für einen Titelkampf gegen den jungen Jack Dempsey anbot. In dem berühmten „Massaker von Toledo" wurde Willard von dem 14 Jahre jüngeren und 52 Pfund leichteren Dempsey windelweich geprügelt. Siebenmal plumpste der Koloß zu Boden, ehe er am Ende der dritten Runde hoffnungslos zusammengeschlagen auf dem Ringbelag sitzen blieb. 19 650 Zuschauer erlebten am Nationalfeiertag, dem 4. Juli 1919, das kurzrundige Massaker. Zur vierten Runde trat Willard nicht mehr an. Sein Sekundant, Jack Hemple, warf das Handtuch zum Zeichen der Aufgabe in den Ring.

Der geschlagene Goliath beschuldigte später seinen Bezwinger, er habe mit „harten Bandagen" gekämpft, die Binden eingepudert, so daß sie durch den Schweiß steinhart geworden seien.

Mit 42 Jahren versuchte Willard ein Comeback, das jedoch der argentinische „Pampas-Stier" Luis Angel Firpo 1923 in Jersey City mit einem K.-o.-Sieg in der 8. Runde schnell beendete. Insgesamt bestritt Willard 35 Kämpfe, von denen er 23 gewann.

Jess Willard starb am 15. Dezember 1968 in Los Angeles im stattlichen Alter von 87 Jahren.

Jack Dempsey
Weltmeister 1919–1926

Er galt nicht nur als das Idol Amerikas der „goldenen zwanziger Jahre", sondern wurde zu einem Idol des zwanzigsten Jahrhunderts. Kein Held des Sports, bis Muhammad Ali sein „Großmaul" aufriß, hat die Massen derart fasziniert wie William Harrison Dempsey (geb. 1895 in Manassa, Colorado). Keiner vor ihm und keiner nach ihm hat soviel Drama, Brutalität, Spannung und Aufregung in seine Kämpfe gepackt wie Jack Dempsey. Seine Schlagkraft in beiden Fäusten war vernichtend, seine Wildheit unbezähmbar, kaum einer schlug die Kombination, Rechte aufs Herz, Linke aufs Kinn, mit derart zerstörerischer Perfektion. Der „Manassa Mauler", das Rauhbein aus Manassa, galt als „Killer" im Boxring.

Wie ein Tornado fegte Dempsey im letzten Kriegsjahr durch die Staaten, nachdem er 1914 begonnen hatte, als Tramp durch Boxkämpfe seinen hungrigen Magen zu stillen. Er eroberte New York in 17 Sekunden, dann hatte er mit vier mächtigen Hieben Fred Fulton aus dem Weg geräumt.

Zu Dempseys verheerender Schlagkraft gesellte sich die Schläue seines gerissenen Managers Jack „Doc" Kearns, eines Sportjournalisten, der die Medien benutzte, um seinen Schützling zu fördern. Die Macht der Presse war mächtiger als der große Promoter Tex Rickard, der Dempseys Herausforderung zunächst lächelnd mit dem Argument abwies, er sei für den Riesen Jess Willard doch viel zu klein.

Doch die Presse forderte die Chance

Jack Dempsey

Geboren am 24. Juni 1895
in Manassa/Colorado;
Amerikaner irisch-schottischer
Abstammung.

Größe:	185 cm
Gewicht:	87 kg
Reichweite:	196 cm
Brustumfang:	107 cm
Brustumfang, eingeatmet:	117 cm
Taille:	84 cm
Bizeps:	41 cm
Nacken:	42 cm
Handgelenk:	23 cm
Wade:	38 cm
Knöchel:	23 cm
Oberschenkel:	58 cm
Faust:	28 cm
Unterarm:	37 cm
Kämpfe:	129
K.-o.-Siege:	89
Punktsiege:	25
Unentschieden:	5
Punktniederlagen:	5
K.-o.-Niederlagen:	1
Keine Entscheidung:	4

für Dempsey, Rickard gab sie ihm. Dem furchtbaren Ansturm war der riesige Cowboy im berüchtigten „Massaker von Toledo" am Unabhängigkeitstag des ersten Nachkriegsjahres 1919 nicht gewachsen. Innerhalb von drei Runden hatte Dempsey den Champion so erbärmlich zusammengeschlagen, daß Willard zur vierten Runde nicht mehr antrat.

Dempsey hatte seine Gage von 27 500 Dollar aber darauf verwettet, daß er Willard bereits in der ersten Runde k. o. schlagen würde. Willard wurde auch nach fünf Niederschlägen in der ersten Runde ausgezählt, doch in dem allgemeinen Tohuwabohu war völlig überhört worden, daß Zeitnehmer Warren Barbour die Runde bereits abgeläutet hatte, als Ringrichter Ollie Pecord erst bei „sieben" angelangt war. Dempsey mußte zurück in den Ring und war seine Gage los.

Doch ihm blieben der Titel und der Ruhm für die folgenden sieben Jahre, in denen nahezu jeder Kampf zu einem riesigen Abenteuer wurde.

Da war das Duell mit dem eleganten Franzosen Georges Carpentier, das eine rüde Propaganda zum ersten „Kampf des Jahrhunderts" hochjubelte. Hier der „Buhmann" Jack Dempsey, der der Wehrdienstverweigerung beschuldigt wurde, dort der patriotische Franzose, der als Leutnant der Luftwaffe im Weltkrieg gekämpft hatte. Auf Boyle's Thirty Acres in Jersey City stampfte Rickard eine 70 000-Mann-Arena aus dem Boden, die mit 80 000 Zuschauern völlig überfüllt war, als Dempsey und Carpentier am 2. Juli 1921 in den Ring kletterten. 1 789 238 Dollar wurden eingenommen, erstmals in der Ge-

41

schichte des Boxens kamen mehr als eine Million Dollar in die Kassen. In der vierten Runde ging Carpentier k. o.

Oder der Kampf gegen Tom Gibbons am 4. Juli 1923, als Dempsey und Kearns nach dem matten Punktsieg vor den aufgebrachten Stadtvätern von Shelby, Montana, fliehen mußten. Nur 7202 Zuschauer hatten Eintritt bezahlt, und vier lokale Banken, die Dempsey 300 000 Dollar im voraus gezahlt hatten, gingen bankrott.

Die erste Runde des Kampfes Dempsey-Firpo am 14. September 1923 auf den New Yorker Polo Grounds gilt noch heute als die „Runde des Jahrhunderts". Siebenmal brach Luis Angel Firpo in der ersten Runde zusammen, da schmetterte der schon „tödlich" verwundete argentinische Pampas-Stier Dempsey einen rechten Faustschlag ans Kinn, daß der Weltmeister rücklings aus dem Ring stürzte. Er purzelte auf die Schreibmaschine von Jack Lawrence, des Sportreporters der „New York Tribune", und auf das Morsegerät von Perry Grogan, der für „Western Union" Runde um Runde morste. Beide schoben den Weltmeister in den Ring zurück, rechtzeitig vor dem drohenden „Aus" von Ringrichter Gallagher. In der zweiten Runde ging Firpo endgültig k. o. Nie haben 82 000 Zuschauer, die dafür 1 188 603 Dollar bezahlt hatten, in so kurzer Zeit (237 Sekunden) soviel dramatische und explosionsgeladene „Action" erlebt.

Drei Jahre machte Dempsey danach Pause. Er heiratete die Filmschauspielerin Estelle Taylor, deren Einfluß auf den Boxchampion so groß wurde, daß er mit endgültigem Rücktritt liebäugelte und mit seinem Manager Jack Kearns vorübergehend brach. Süßes Leben, lange Pause, persönliche Schwierigkeiten und Prozesse führten dazu, daß Jack Dempsey längst nicht mehr die unbändige Naturgewalt war, als er die Herausforderung des Marineoffiziers Gene Tunney annahm.

120 757 Zuschauer, die größte Zahl, die je einen Boxkampf erlebte, sahen am 23. September 1926 im strömenden Regen, wie ihr ringrostiges Idol im Sesquicentennial Stadium von Philadelphia von dem völlig unterschätzten und schnellfüßigen Tunney ausgeboxt und über zehn Runden nach Punkten besiegt wurde.

Nicht anders endete die Revanche ein Jahr später vor 104 943 Zuschauern (Neuer Einnahmerekord: 2 658 660 Dollar) auf dem Soldiers Field von Chicago. Allerdings verschenkte Dempsey den Sieg nach einem schweren Niederschlag in der siebenten Runde, als er keine Anstalten machte, in die neutrale Ecke zu gehen. Der berühmte „Long Count" (langes Zählen) rettete Tunney.

Einen dritten Kampf mit Tunney lehnte Dempsey ab. „Meine Fans werden diese siebente Runde länger in Erinnerung behalten als alles andere in meiner Laufbahn", sagte er. „Ich möchte diese Erinnerung nicht auslöschen."

Sprach's und trat fortan nur noch zu einer Fülle von Schaukämpfen an. Allein 1931 kamen 230 155 Zuschauer zu 34 Dempsey „Exhibitions" und zahlten 477 260 Dollar, ein Beweis für seine unverminderte Popularität. Jack Dempsey eröffnete am Broadway ein über Jahrzehnte hinweg berühmtes und gutgehendes Restaurant, das er 1975 auf Anordnung der New Yorker Stadtväter schließen mußte.

Jack Dempsey bestritt 81 reguläre Kämpfe, von denen er allein 49 durch Knockout gewann. Allein an Kampfbörsen kassierte er 3 468 116 Dollar. Hinzu kamen weitere 3 541 116 Dollar für die Filmrechte seiner Kämpfe.

Auch nach seinem Rücktritt blieb Dempsey ein wohlhabender Mann, der als Ringrichter, Reporter, Lehrer und Teilhaber an florierenden Geschäften zwischen 1935 und 1955 über 10 Millionen Dollar verdiente.

Gene Tunney
Weltmeister 1926–1928

Er war gebildet und hochintelligent. Aber populär wurde James Joseph Tunney (geb. 1898) nie. Amerika konnte ihm einfach nicht verzeihen, daß er sein großes Idol Jack Dempsey zweimal mit seiner cleveren Boxtechnik übertölpelt hatte.

Gene Tunney, im New Yorker Künstlerviertel Greenwich Village als Sohn wohlhabender Eltern geboren, beschloß schon als Elfjähriger, Boxweltmeister im Schwergewicht zu werden. Er lernte gegen den Willen seiner Eltern bei einem New Yorker Amateur-Club boxen. Bei Kriegseintritt der USA meldete er sich freiwillig zur Marine, verfeinerte hier seinen Boxstil, der darauf ausgerichtet sein sollte, mehr Schläge zu vermeiden als auszuteilen. Er wurde Marineoffizier und Militär-Meister.

Wieder im zivilen Leben, konzentrierte er sich mit der ihm eigenen Entschlossenheit ganz auf seine Profikarriere. Gegen Battling Levinsky gewann er die amerikanische Halbschwergewichts-Meisterschaft und büßte den Titel gegen den Mittelgewichtler Harry Greb wieder ein. Es sollte Tunneys einzige Niederlage bleiben, aber sie war ungemein bitter – und lehrreich. Greb brach ihm in der ersten Runde die Nase und schlug ihn in den folgenden 14 Runden so erbarmungslos zusammen, daß Tunney nach dem Kampf eine Woche im Bett bleiben mußte.

Sein Manager erklärte ihn für verrückt, als Tunney Revanche gegen Greb forderte. „Greb hat dich fast umgebracht und wird deine Karriere vollends ruinieren", tobte Billy Roche, "solange ich dein Manager bin, kämpfst du nicht noch einmal gegen Greb."

Tunney nahm sich einen neuen Manager, boxte noch viermal gegen Greb und besiegte ihn jedesmal vernichtender. Nach ihrem fünften Kampf kam Greb in Tunneys Kabine und grunzte: "Jetzt ist's genug. Ich boxe nie wieder gegen dich."

Gene Tunney war nie ein ausgewachsener Schwergewichtler. Doch nach Siegen über Georges Carpentier und Tommy Gibbons fühlte er sich für den Kampf mit Dempsey qualifiziert. Kaum war der Kampf abgeschlossen, da trainierte er ausschließlich Boxen auf dem Rückzug – eine Taktik, mit der er Jack Dempsey tatsächlich über zehn Runden mühelos nach Punkten besiegte. Nach 17 Jahren, am 23. September 1926, hatte sich sein Kindheitstraum erfüllt. 120 000 Zuschauer waren stumme Zeugen.

Seine Cleverness und Geschäftstüchtigkeit nutzte Tunney für die Revanche. Er forderte – und bekam – 990 445 Dollar von Tex Rickard, die höchste Börse, die bis zum Fernseh-Zeitalter je gezahlt wurde.

Mit Hilfe des legendären "Long Counts" in der siebenten Runde, als er 14 Sekunden Zeit hatte, sich von einem schweren Niederschlag zu erholen, weil Dempsey nicht gleich in die neutrale Ecke ging, gewann Tunney auch die Revanche über zehn Runden nach Punkten. Als "Ersatz" für den dritten Kampf gegen Jack Dempsey (er hatte kein Interesse mehr) verteidigte Tunney seinen Titel für eine Garantie von 525 000 Dollar gegen den Neuseeländer Heeney. Die Boxfans hatten jedoch kein Interesse,

den Mann zu sehen, der ihr Idol zerstört hatte. Tex Rickard erlitt die größte finanzielle Pleite seiner ruhmreichen Promoter-Laufbahn: 152 000 Dollar betrug sein persönlicher Verlust.

Gene Tunney trat danach als ungeschlagener Schwergewichts-Weltmeister ab. Von 60 Kämpfen hat er nur

Gene Tunney

Geboren am 25. Mai 1898
in New York;
Amerikaner irischer Abstammung.

Größe:	184 cm
Gewicht:	87 kg
Reichweite:	196 cm
Brustumfang:	107 cm
Brustumfang, eingeatmet:	114 cm
Taille:	88 cm
Bizeps:	37 cm
Nacken:	43 cm
Handgelenk:	23 cm
Wade:	39 cm
Knöchel:	23 cm
Oberschenkel:	56 cm
Faust:	28 cm
Unterarm:	34 cm
Kämpfe:	60
K.-o.-Siege:	30
Punktsiege:	15
Unentschieden:	0
Punktniederlagen:	1
K.-o.-Niederlagen:	0
Keine Entscheidung:	14

einen, gegen Greb, verloren. Er widerstand allen Verlockungen zu einem Comeback.

Als Mitglied im Direktorium mehrerer Konzerne sowie als Kommandeur bei der Navy blieb Gene Tunney auch nach seiner Ring-Karriere ein wohlhabender und erfolgreicher Mann.

Max Schmeling
Weltmeister 1930–1932

Er war Weltmeister aller Klassen, doch unsterblichen Ruhm und ewige Popularität brachte ihm ein Kampf, in dem kein Titel auf dem Spiel stand: Als Max Schmeling am 19. Juni 1936 in New York den für unbesiegbar gehaltenen Joe Louis in der 12. Runde k. o. schlug, wurde er zum deutschen Denkmal.

Völlig im Schatten dieses Triumphes stand der Sieg, der ihm sechs Jahre zuvor den Weltmeistertitel eingebracht hatte und bis heute noch Ursache zahlloser verlorener Wetten ist. Der Sensation gegen Louis und nicht der Disqualifikation Jack Sharkeys wird fälschlicherweise immer wieder Max Schmelings Weltmeisterschaftsgewinn zugeschrieben.

Am 12. Juni 1930 wurde Schmeling im New Yorker Yankee Stadium als Nachfolger des abgetretenen Gene Tunney Weltmeister – sich vor Schmerzen am Boden krümmend. Sharkey hatte ihn mit einem Tiefschlag niedergestreckt und war in der 4. Runde disqualifiziert worden. Schmeling wurde ignoriert, brüskiert, geschmäht und in Deutschland sogar aufgefordert, auf den Titel zu verzichten.

Doch „nun erst recht" hieß seine Trotzreaktion. Als er im nächsten Jahr den in über 250 Kämpfen noch nie zu Boden geschlagenen Young Stribling so verprügelte, daß dessen Vater mit Tränen in den Augen 15 Sekunden vor Schluß der 15. Runde dem Ringrichter signalisierte, er möge seinem deklassierten, aber so tapferen Sohn eine weitere Bestrafung ersparen, da wurde Max

Schmeling allseits als Champion anerkannt und gefeiert. Gestand Schmeling:
„Mir tat Stribling leid. Ich konnte kaum
noch zuschlagen."

Schmeling verlor den Titel im folgenden Jahr in der Revanche an Jack Sharkey durch eine Punktniederlage, die
selbst von den amerikanischen Fachleu-
ten als krasse Fehlentscheidung be-
zeichnet wurde. So unpopulär Schmeling nach seinem „Foul-Sieg" über
Sharkey war, so populär wurde der
„Black Uhlan", der schwarze Ulan vom
Rhein, nach diesem „Diebstahl" in den
USA.

Seine K. o.-Niederlage gegen Max
Baer verhalf dem Clown Sharkey zum
Titelkampf mit Primo Carnera, und auf
ähnliche Weise sollte Max Schmeling
auch dem aufstrebenden Joe Louis als
Sprungbrett für einen Weltmeisterschaftskampf gegen James J. Braddock
dienen. Nur Mitleid begegnete dem bereits 31jährigen Deutschen vor dem
Kampf gegen den „Braunen Bomber".

Nur Max selbst glaubte felsenfest an
sich. „Ich habe etwas gesehen", sagte er
den Reportern vor dem Kampf. Mehr
nicht. Was er gesehen hatte, demonstrierte er im Ring der sprachlosen
Menge. Jedesmal, wenn der „Bomber"
eine Rechte schlug, ließ er für Bruchteile
von Sekunden die linke Hand etwas fal-
len. Und in diese Öffnung knallte Max
Schmeling seine gefürchtete Rechte,
erstmals in der vierten Runde. Das Gesicht des Negers war verschwollen, er
ging zu Boden. Von diesem Schlag er-
holte sich Joe Louis nicht mehr. In der
12. Runde stellte Schmeling den bereits
fürchterlich zugerichteten Louis an einer Seilwand, nahm Maß mit der Linken
und schmetterte dreimal hintereinan-

Max Schmeling

Geboren am 28. September 1905
in Klein Luckow/Brandenburg.

Größe:	185 cm
Gewicht:	85 kg
Reichweite:	193 cm
Brustumfang:	109 cm
Brustumfang, eingeatmet:	119 cm
Taille:	84 cm
Bizeps:	41 cm
Nacken:	44 cm
Handgelenk:	20 cm
Wade:	41 cm
Knöchel:	25 cm
Oberschenkel:	60 cm
Faust:	30 cm
Unterarm:	32 cm
Kämpfe:	71
K.-o.-Siege:	39
Punktsiege:	17
Unentschieden:	5
Punktniederlagen:	5
K.-o.-Niederlagen:	5
Keine Entscheidung:	0

der die rechte Faust Joe Louis ans Kinn. Joe Louis, in 27 Kämpfen ungeschlagen und 23mal K. o.-Sieger, lag flach auf dem Bauch, als Ringrichter Arthur Donovan das „Aus" sprach.

Doch der sensationelle Sieg sollte sich nicht – wie versprochen – auszahlen. Nicht der Sieger Schmeling, sondern der besiegte Louis erhielt die Chance, gegen das „Aschenputtel" James J. Braddock um den Titel zu kämpfen. Mike Jacobs, Louis' mächtiger Manager, nutzte geschickt die politische Lage, um mit einer Kampagne gegen den „Nazi" Max Schmeling aus dem Geschäft zu manövrieren.

In einer politisch überhitzten Atmosphäre, vor dem Hintergrund des unaufhaltsam heraufdämmernden zweiten Weltkrieges, fand die Revanche gegen Louis 1938 statt. In diesem Weltmeisterschaftskampf wollte Joe Louis seinen einzigen Bezwinger vernichten – er tat es innerhalb von zwei Minuten und vier Sekunden. Da half auch nicht mehr, daß der deutsche Starreporter Arno Hellmis voller Verzweiflung in sein Mikrophon schrie: „Max, Max, steh doch wieder auf."

Der Krieg (Schmeling kämpfte als Fallschirmjäger und wurde verwundet) nahm ihm alles – nicht aber seine grenzenlose Popularität. Verheiratet mit der Filmschauspielerin Anny Ondra führte er ein Leben ohne Affären und mit stets freundlichen Gesten, gab nach dem Krieg als über Vierzigjähriger ein kurzes Comeback und kam als tüchtiger Geschäftsmann zu neuem Wohlstand. Mit 70 war Max Schmeling immer noch unbestritten Deutschlands Sportler Nummer 1.

Jack Sharkey
Weltmeister 1932–1933

Die Karriere des Jack Sharkey war eine einzige Kontroverse. Nahezu jeder seiner bedeutenden Kämpfe endete mit irgendeinem Streit, denn Jack Sharkey, dessen Eltern aus Litauen stammten und dessen richtiger Name Joseph Paul Zukauskas war, besaß ein wildes Temperament. Als Seemann lernte er boxen, und bereits in seinem ersten bedeutenden Kampf ging sein Temperament mit ihm durch – zu seinem Schaden.

Tex Rickard, der berühmte Promoter, hatte Sharkey als Gegner Jack Dempseys ausgewählt, damit der „Manassa Mauler" für den Rückkampf mit Gene Tunney wieder in Form kam. Für Sharkey war es die große Chance, sich selbst für einen Titelkampf zu empfehlen. In der 7. Runde wurde Sharkey am Körper getroffen, er wandte sich zum Ringrichter und reklamierte Tiefschlag. Das war ein Fehler, denn noch während er mit dem Ringrichter sprach, knallte ihm Dempsey einen linken Haken ans Kinn – und Sharkeys Titelträume waren für die nächsten drei Jahre zerstoben.

In Miami kämpfte er 1930 gegen den britischen Meister Phil Scott in einer Endausscheidung für den Kampf um Tunneys Erbe. In der dritten Runde schlug er den Briten mit einem unerlaubten Hieb auf den Ischiasnerv k. o. Sharkey hätte disqualifiziert werden müssen, doch er kam noch einmal davon.

Dieses Glück hatte er vier Monate später im Titelkampf gegen Max Schmeling nicht mehr. Denn kaum hatte er in der vierten Runde den Deut-

48

Jack Sharkey

Geboren am 6. Oktober 1902
in Binghamton/New York;
Amerikaner litauischer Abstammung.

Größe:	183 cm
Gewicht:	94 kg
Reichweite:	189 cm
Brustumfang:	103 cm
Brustumfang, eingeatmet:	115 cm
Taille:	88 cm
Bizeps:	37 cm
Nacken:	43 cm
Handgelenk:	20 cm
Wade:	41 cm
Knöchel:	26 cm
Oberschenkel:	63 cm
Faust:	32 cm
Unterarm:	40 cm
Kämpfe:	55
K.-o.-Siege:	15
Punktsiege:	23
Unentschieden:	3
Punktniederlagen:	9
K.-o.-Niederlagen:	4
Keine Entscheidung:	1

schen mit einem Tiefschlag niedergestreckt, da sprang Schmelings Manager Joe „Yussel" Jacobs in den Ring, schrie „Foul", redete unentwegt auf den völlig verwirrten Ringrichter ein, zerrte ihn von einem Punktrichter zum anderen, der eine hatte den Tiefschlag gesehen, der andere nicht. „Das ist 2:1", brüllte Jacobs, und Ringrichter Jim Crowley deutete an, daß Sharkey disqualifiziert war.

In der Revanche zwei Jahre später – Sharkey hatte zwischendurch die Siegesserie des italienischen Hünen Primo Carnera gestoppt – erhielt Sharkey den Punktsieg über Schmeling, doch des Triumphes konnte er sich nicht so recht freuen, denn die Presse schrieb einheitlich von einem krassen Fehlurteil.

Nur ein Jahr blieb er denn auch Weltmeister. Er hatte den bereits einmal besiegten Primo Carnera unterschätzt. Von einem wilden Heumacher des Goliaths wurde Sharkey in der 6. Runde am Kinn getroffen. Das war das Ende.

Im Alter von 34 Jahren beendete Jack Sharkey seine zwölfjährige Karriere nach einer K. o.-Niederlage in der dritten Runde gegen Joe Louis, der mit diesem Sieg nur vier Wochen nach dem Debakel gegen Schmeling sein angeknackstes Selbstbewußtsein wiederfand.

Sharkey hatte einen wenig eindrucksvollen Kampfrekord. Von 55 Kämpfen gewann er 38, nur 15 durch Knockout.

Primo Carnera

Weltmeister 1933–1934

Der ebenso tolpatschige wie gutmütige italienische Riese wurde zur tragischen Figur. Primo Carnera war Ringer, ehe skrupellose Manager sich von den gewaltigen Körpermaßen des Italieners – er maß 1,97 und war mit 121 Kilo der schwerste aller Schwergewichtsweltmeister – im Boxring ein weitaus profitableres Geschäft versprachen.

Als „wandelnder Berg" aus Italien wurde er in den USA mit einer Serie leichter Siege „aufgebaut", und es wird sich wohl nie ganz klären lassen, was an Carneras Laufbahn reine Mache der Mafia und was eigenes Können war.

Der amerikanische Schriftsteller Budd Schulberg nahm das Schicksal Primo Carneras, der von rücksichtslosen Managern ausgebeutet wurde, als Vorbild für seinen Helden in dem später verfilmten Roman „Schmutziger Lorbeer".

Carneras lange Serie von billigen Siegen erreichte ihren tragischen Höhepunkt, als er Ernie Schaaf, einen 25 Jahre alten Schwergewichtler aus New Jersey, in der 13. Runde k. o. schlug. Schaaf schlug so unglücklich mit dem Hinterkopf auf dem Ringboden auf, daß er das Bewußtsein verlor und später im Krankenhaus starb. Carnera war durch den Vorfall innerlich erschüttert und aufgewühlt, voller Zweifel, vor allem, als ein New Yorker Boxfunktionär forderte, man müsse Carnera wegen seines übermenschlichen Körperwuchses aus dem Boxgeschäft verbannen.

Carneras Manager jedoch nutzten selbst den Todesfall zu einer ruchlosen

Propaganda für die Schlagkraft ihres Schützlings und erreichten, daß der nächste Kampf, nur vier Monate später, um die Weltmeisterschaft ging. Jack Sharkey, der die Siegesserie Carneras zwei Jahre zuvor einmal unterbrochen hatte, ging in der sechsten Runde, von einem Heumacher am Kinn getroffen, knockout.

Primo verteidigte seinen Titel durch

Primo Carnera

Geboren am 26. Oktober 1906
in Sequals/Italien.
Gestorben am 29. Juni 1967.

Größe:	197 cm
Gewicht:	121 kg
Reichweite:	217 cm
Brustumfang:	122 cm
Brustumfang, eingeatmet:	137 cm
Taille:	96 cm
Bizeps:	47 cm
Nacken:	51 cm
Handgelenk:	24 cm
Wade:	51 cm
Knöchel:	29 cm
Oberschenkel:	76 cm
Faust:	37 cm
Unterarm:	41 cm
Kämpfe:	97
K.-o.-Siege:	65
Punktsiege:	20
Unentschieden:	0
Punktniederlagen:	7
K.-o.-Niederlagen:	5
Keine Entscheidung:	0

mert, daß seine Karriere ein einziger Betrug war, zumindest was seine Finanzen betraf. Er hatte mittlerweile ein halbes Dutzend Manager, und seine Spesen waren stets so hoch, daß er auch nach dem Baer-Kampf nur Schulden haben würde, obwohl ihm eine Börse von 135 000 Dollar und weitere 17 000 Dollar für die Filmrechte garantiert worden waren. Als er in den Ring kletterte, wußte er, daß er pleite war und ihm die sechs Profijahre keinen Profit hinterlassen hatten.

Kein Wunder, daß der derart aller Illusionen beraubte Boxer eine miserable Vorstellung gab und von Baer elfmal zu Boden geschlagen wurde, ehe der Ringrichter in der 11. Runde das grausame Schauspiel beendete.

Nun machten seine Manager auch mit seinen Niederlagen noch Geschäfte und opferten ihren Schützling dem aufstrebenden Joe Louis, der ihn in sechs Runden erbarmungslos zusammenschlug.

Danach hatte Primo Carnera vom Boxen genug. Er kehrte zu seiner ersten Liebe, dem Ringen, zurück, wurde als Catcher in den USA zum Publikumsliebling und machte hier gut, was man ihm beim Boxen gestohlen hatte. Primo Carnera spielte mehrere Nebenrollen in Hollywood-Filmen, eröffnete in Los Angeles einen Getränkeladen und nahm die amerikanische Staatsbürgerschaft an.

Doch als er schwer krank wurde, flog er zurück in seine italienische Heimat und starb am 29. Juni 1967 in seinem Geburtsort Sequals im Alter von 60 Jahren.

Punktsiege über den Basken Paolino Uzcudun in Rom und gegen den einstigen Halbschwergewichts-Weltmeister Tommy Loughran in Miami, ehe ihm dann am 14. Juni 1934 in New York der Clown Max Baer auf geradezu demaskierende Art und Weise den Titel wegnahm.

Vor dem Kampf allerdings war es selbst dem einfältigen Koloß gedäm-

Max Baer
Weltmeister 1934–1935

Max Baer besaß alles, was zu einem großen Champion gehörte: eine beneidenswert stattliche Figur von 1,89 Meter und fast 100 Kilo, Muskeln, die er als Cowboy bei den Viehherden seines Vaters in Nebraska gestählt hatte, einen wilden rechten Schwinger, der jeden ummähte, wenn er traf, unerschütterliches Selbstvertrauen in seine Physis und beneidenswerte Courage.

Dennoch war Max Baer nur ein Jahr lang ein mittelmäßiger Schwergewichts-Weltmeister. Denn er benahm sich wie ein Clown und lebte wie ein Playboy.

Nachdenklich wurde er in seinem Leben eigentlich nur einmal. Das war, als er Frankie Campbell in San Francisco so zusammengeschlagen hatte, daß sie ihn nur noch tot aus dem Ring tragen konnten. Baer wurde zwar von jeglicher Schuld freigesprochen, aber dennoch wollte er nie wieder boxen. Es bedurfte aller Überredungskünste seiner Betreuer und Freunde, daß er seine Karriere nicht schon mit 21 Jahren beendete.

Das tragische Ende Campbells blieb zunächst nicht ohne Wirkung. Die Punktniederlagen Baers gegen Ernie Schaaf, der zwei Jahre später unter den Fäusten Primo Carneras sterben sollte, Tommy Loughran, Johnny Risko und Paolino Uzcudun innerhalb von sieben Monaten sind wohl die Folge der Ring-Tragödie.

Doch bald hatte Baer seine gute Laune, seine Unbekümmertheit und auch seine vernichtende Schlagkraft wieder-

Max Baer

Geboren am 11. Februar 1909
in Omaha/Nebraska; Amerikaner
deutsch-jüdischer Abstammung.
Gestorben am 21. November 1959.

Größe:	189 cm
Gewicht:	97 kg
Reichweite:	206 cm
Brustumfang:	112 cm
Brustumfang, eingeatmet:	121 cm
Taille:	82 cm
Bizeps:	37 cm
Nacken:	44 cm
Handgelenk:	20 cm
Wade:	38 cm
Knöchel:	24 cm
Oberschenkel:	53 cm
Faust:	30 cm
Unterarm:	35 cm
Kämpfe:	79
K.-o.-Siege:	51
Punktsiege:	14
Unentschieden:	0
Punktniederlagen:	10
K.-o.-Niederlagen:	3
Keine Entscheidung:	1

gefunden. Max Schmeling bekam es zu spüren. Im Juni 1933 besiegte Baer den Ex-Weltmeister in einem wahren Schlag-Festival in zehn Runden entscheidend.

Damit war Max Baer für einen Weltmeisterschaftskampf qualifiziert. Ein Jahr später trat er Primo Carnera, diesem italienischen Koloß, gegenüber. Seine spielerische Arroganz, seine ständigen Sticheleien gaben ihm schon beim Wiegen einen psychologischen Vorteil gegenüber dem eher schüchternen Riesen. Carnera hatte ohnehin Komplexe, seit die beiden zusammen in dem Film „Every Woman's Man" mitgespielt hatten.

Den Titelkampf machte Baer zur Komödie, für Carnera wurde er zur Tragödie. Nach elf Niederschlägen in elf Runden brach der Ringrichter den Kampf ab.

Wieder ein Jahr später, im Juni 1935, bot sich kein besserer Herausforderer an, als der 30jährige, bereits abgehalfterte James J. Braddock. Niemand nahm ihn ernst, am wenigsten Max Baer, der kaum trainierte, und dann vor 35 000 entgeisterten Zuschauern in der Long Island City Bowl am eigenen Leib die größte Überraschung in der Geschichte der Schwergewichts-Weltmeisterschaft erlebte. Doch Max Baer lachte nur über die Punktniederlage: „Mit 26 Jahren habe ich reichlich Zeit, den Titel zurückzugewinnen."

Schon drei Monate später ließ er sich dazu überreden, den Beweis für seine großen Worte anzutreten. Gegen Joe Louis, den jungen, ungeschlagenen Neger aus Detroit, sollte er seine Titelansprüche geltend machen.

Baer nahm den Kampf so ernst wie

keinen zuvor, so ernst, daß er sogar Ex-Meister Jack Dempsey als Sekundanten verpflichtete. Doch er hatte keine Chance gegen die peinigenden linken Jabs des „Braunen Bombers". In der vierten Runde kniete Baer auf dem Ringboden und hatte keine Lust mehr, sich länger verprügeln zu lassen.

Zwar boxte Baer nach diesem Desaster noch sechs Jahre lang, erreichte aber nie mehr seine einstige Klasse. Insgesamt bestritt er 79 Kämpfe. 51 K.-o.-Siege sind Zeugnis seiner urwüchsigen Schlagkraft.

Bereits mit 50 Jahren starb Max Baer am 21. November 1959 in einem Hotel in Hollywood an Herzversagen.

James J. Braddock

Weltmeister 1935–1937

„Cinderella Man", das „männliche Aschenputtel", ist nicht gerade ein schmeichelhafter Spitzname für einen Boxweltmeister im Schwergewicht. James J. Braddock zählt denn auch zu den farblosesten und schwächsten aller Champions.

Die Würde verdankt er glücklichen Umständen. Als Halbschwergewichtler im Titelkampf gegen Tommy Loughran gescheitert, schon 30 Jahre alt und bereits in 20 Kämpfen besiegt, stand Braddock eher am Ende seiner Karriere als an der Schwelle zum Schwergewichtsthron. Er hatte Mühe, seine Familie zu ernähren und boxte für ganze 200 Dollar im Rahmen jener Veranstaltung, auf der Max Baer von Primo Car-

James J. Braddock

Geboren am 6. Dezember 1905
in New York;
Amerikaner irischer Abstammung.
Gestorben am 24. November 1974.

Größe:	188 cm
Gewicht:	89 kg
Reichweite:	190 cm
Brustumfang:	104 cm
Brustumfang, eingeatmet:	112 cm
Taille:	88 cm
Bizeps:	33 cm
Nacken:	43 cm
Handgelenk:	20 cm
Wade:	41 cm
Knöchel:	25 cm
Oberschenkel:	58 cm
Faust:	29 cm
Unterarm:	32 cm
Kämpfe:	80
K.-o.-Siege:	26
Punktsiege:	25
Unentschieden:	3
Punktniederlagen:	19
K.-o.-Niederlagen:	2
Keine Entscheidung:	5

nera den Titel gewann.

Braddock sah den Kampf, glaubte den Weltmeister schlagen zu können, und da es in jener Zeit keinen Besseren gab, wurde der „Cinderella Man" ein Jahr nach seinem 200-Dollar-Kampf im gleichen Ring Baers Herausforderer. Für die Fachwelt war's ein Witz: Braddock hatte zwar einen sogenannten Ausscheidungskampf gegen Art Lasky gewonnen, aber immerhin schon 20 Niederlagen auf dem Buckel, davon allein vier in den letzten elf Kämpfen vor der Weltmeisterschaft.

Doch Braddock hatte Glück. Wie alle Welt unterschätzte auch Max Baer den Herausforderer völlig. Braddock hatte so wenig Mühe, einen nur ungenügend trainierten Weltmeister über 15 Runden auszuboxen. Max Schmeling war nach dem K.-o.-Sieg über Joe Louis sein offizieller Herausforderer, doch Braddock ließ sich beschwatzen und bestechen, Louis vorzuziehen. Ihm wurden dafür zehn Prozent von den Gagen aus Louis' künftigen Titelkämpfen garantiert. Kein schlechtes Geschäft, wenn man bedenkt, daß der „Braune Bomber" 25mal seinen Titel verteidigte.

Die Prozente waren all die Pein wert, die James J. Braddock am 22. Juni 1937 in Chicago in den acht Runden, die der Kampf dauerte, über sich ergehen lassen mußte.

Braddocks Kampfrekord ist der schlechteste aller Schwergewichts-Weltmeister: Von 80 Kämpfen gewann er nur 51 und verlor 21. Häufiger wurde später nur noch Ezzard Charles (26 in 129) besiegt, aber nur, weil er noch als 38jähriger, acht Jahre nach dem Verlust des Titels, jungen Schwergewichtlern als „Aufbaugegner" diente.

Joe Louis
Weltmeister 1937–1949

Wäre es nach dem Willen seiner Mutter gegangen, dann wäre er der Violin-Virtuose Joseph Louis Barrow geworden. Doch er bezahlte mit dem Geld für den Geigenunterricht heimlich die Trainingsstunden in der Boxschule. So wurde aus Joseph Louis Barrow der Boxer Joe Louis, der „Braune Bomber", ein Virtuose in seinem Metier mit Musik und Dampf in beiden Fäusten.

Am 13. Mai 1914 in Lafayette, Alabama, als siebentes Kind eines armen Landarbeiters geboren, wuchs er in der Autostadt Detroit auf, wo der Vater bei Ford Arbeit gefunden hatte. Schon als Amateur entpuppte er sich als derart vollendeter Boxer, daß er die höchsten Titel errang, von 54 Kämpfen nur vier nach Punkten verlor und kurz nach seinem 20. Geburtstag unter dem Management zweier farbiger Geschäftsleute seine Profikarriere begann.

Jack Blackburn, ein alter Neger, wurde sein Trainer, der aus dem Naturtalent einen eiskalten, besonnenen Angriffsboxer mit einem nicht zu enträtselnden Poker-Gesicht machte. Louis schlug seine linke Gerade so schnell, so kurz, so hart, mit solcher Perfektion, daß die Köpfe seiner Gegner ständig wie ein Spielball in den Nacken zurückflogen. Louis schlug selten daneben. Mit Hakenserien und einem kurzen rechten Cross pflegte er die von seiner nimmermüden Linken benommenen Gegner k. o. zu schlagen.

Mike Jacobs, der damals sein Geld im Karten-Schwarzhandel machte, übernahm das Management des aufstreben-

Joe Louis

Geboren am 13. Mai 1914
in Lafayette/Alabama, USA.

Größe:	187 cm
Gewicht:	99 kg
Reichweite:	193 cm
Brustumfang:	107 cm
Brustumfang, eingeatmet:	114 cm
Taille:	93 cm
Bizeps:	38 cm
Nacken:	43 cm
Handgelenk:	20 cm
Wade:	35 cm
Knöchel:	25 cm
Oberschenkel:	57 cm
Faust:	30 cm
Unterarm:	30 cm
Kämpfe:	76
K.-o.-Siege:	59
Punktsiege:	14
Unentschieden:	0
Punktniederlagen:	1
K.-o.-Niederlagen:	2
Keine Entscheidung:	0

den Boxtalents und lancierte es mit der ihm eigenen Gerissenheit und Skrupellosigkeit schnell bis zur Weltmeisterschaft.

Jacobs benutzte die alten Weltmeister als Meilensteine für seinen Schützling. Erst Primo Carnera, dann Max Baer und schließlich Max Schmeling, der das dritte prominente Opfer werden sollte. Doch Joe und Jacobs erlitten hier zunächst einen Schock. Der Deutsche ließ sich von der Louis-Linken nicht verwirren, schlug unentwegt mit seiner schweren Rechten zurück und traf den für unbesiegbar gehaltenen „Braunen Bomber" in der vierten Runde so schwer, daß Louis nach diesem Niederschlag bis zum bitteren Ende in der 12. Runde nur noch mit reinem Instinkt weiterkämpfte. New York, 19. Juni 1936, das Resultat galt damals als die „Sensation des Jahrhunderts".

Doch nach der Niederlage machte Jacobs sein Meisterstück. Anstatt Louis viel Zeit zum Nachgrübeln und Erholen zu lassen, anstatt aufkommende Zweifel mit leichten Gegnern zusätzlich zu nähren, stellte er ihn schon zwei Monate nach dem Schmeling-Desaster gegen den vierten Ex-Weltmeister, Jack Sharkey. Louis erledigte ihn innerhalb von drei Runden.

Skrupellos manövrierte Jacobs Max Schmeling aus dem Titelkampf mit James J. Braddock, versprach dem Weltmeister zehn Prozent aller Börsen aus Louis' künftigen Titelkämpfen und brachte es tatsächlich fertig, daß ein Jahr nach dem Debakel nicht der Sieger Schmeling, sondern der besiegte Joe Louis um den Titel kämpfte. Am 22. Juni 1937 schlug der „Braune Bomber" vor 45 000 Zuschauern im Comiskey

Park von Chicago Braddock in der achten Runde k. o.

Als erster Neger seit Jack Johnson hatte Joe Louis den höchsten Titel im Sport erobert. Mit 23 Jahren war er der Jüngste, dem dieses Kunststück gelang. Von 36 Kämpfen hatte er nur einen verloren. Zwölf Jahre lang sollte er den Titel behalten, so lange wie vor ihm keiner, 25mal verteidigte er ihn – auch ein einsamer Rekord. Er ging keinem aus dem Weg.

„Ein Amerikaner: Joe Louis" – so nannte der farbige Schriftsteller Neil Scott unmittelbar nach Beendigung des Zweiten Weltkrieges einen Bildband über Joe Louis. Im Krieg hatte sich Louis als echter Patriot gezeigt und viele Ressentiments weitgehend abgebaut. Die kompletten Börsen seiner beiden Titelkämpfe gegen Baer und Simon stellte er Wohlfahrtseinrichtungen der Armee zur Verfügung. Er selbst diente als Sergeant und möbelte in Amerika und Europa die kriegsmüden alliierten Soldaten mit Schaukämpfen auf.

Am 1. März 1949 verkündete er seinen Rücktritt, als Weltmeister ungeschlagen. Doch auch er ließ sich zu einem Comeback überreden. Denn auch vor dem trotz seiner Hautfarbe fast wie eine nationale Einrichtung verehrten Champion machte „Uncle Sam" nicht halt. 4,5 Millionen Dollar hatte Joe Louis im Ring verdient, aber nicht an die Steuer gedacht. Die Steuerschulden schienen ihn zu erdrücken und zwangen ihn in den Ring zurück.

Doch auch Louis scheiterte am Gesetz vom „They never come back" und mußte seinem Nachfolger Ezzard Charles einen Punktsieg überlassen. Und am 26. Oktober 1951 war der bereits 37jährige,

ausgebrannte „Braune Bomber" nur noch eine Zielscheibe für die „Bomben" des aufstrebenden Rocky Marciano gut genug. In der achten Runde endete die große Karriere des Joe Louis, der von 76 Kämpfen zwischen 1934 und 1951 ganze drei verloren hatte, gegen Schmeling,

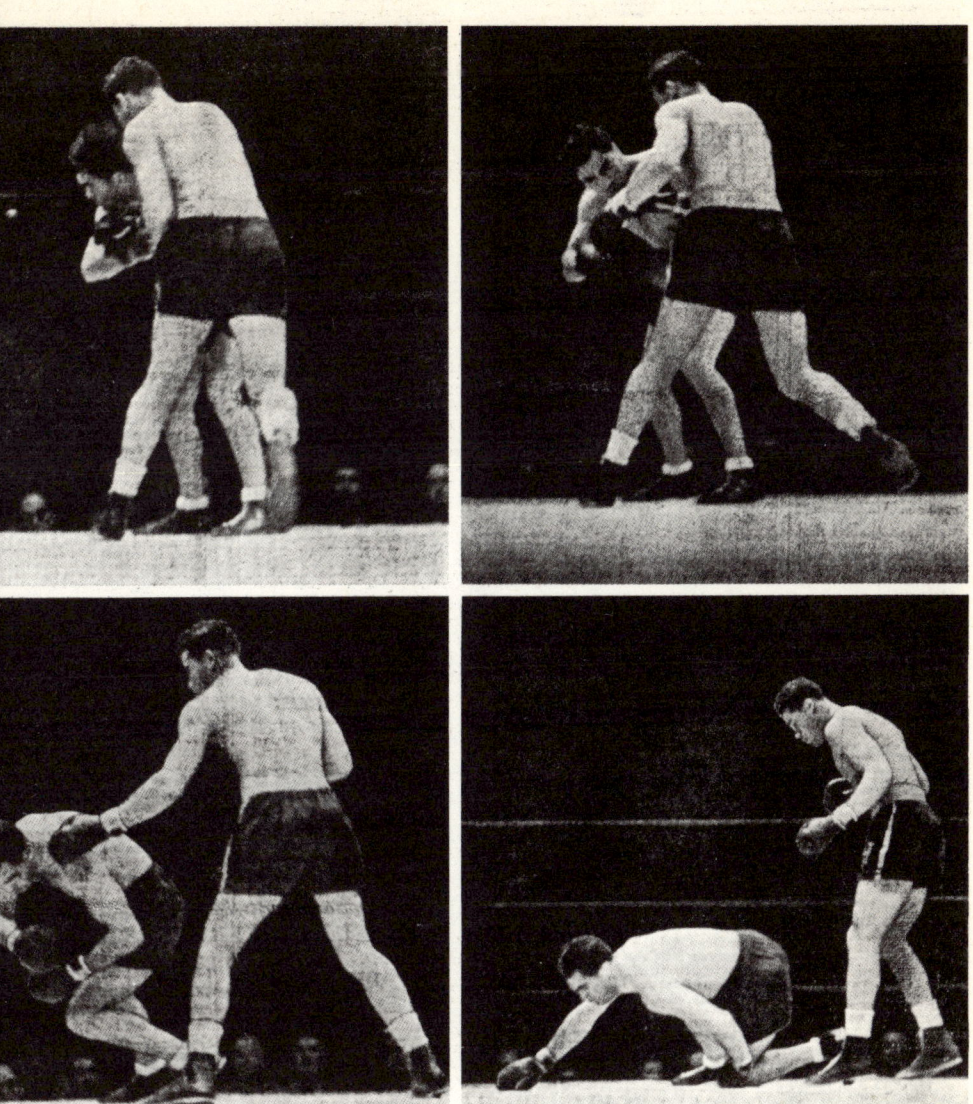

Charles und Marciano.

Mit Hilfe seiner zweiten Frau, einer Rechtsanwältin, gelang es Joe Louis, zu ordnen, was er an finanziellen Dingen in Unordnung belassen hatte. Louis wurde wieder einigermaßen wohlhabend. Populär ist er stets geblieben.

Am 22. Juni 1938 in New York. In seinem 5. Titelkampf gibt Louis seinem bisher einzigen Bezwinger Revanche und nimmt furchtbare Rache. Schon in der 1. Runde wird Schmeling ausgezählt. So vollzog sich das Ende. Eine Bildserie aus „New York Journal and American" vom 23. Juni 1938.

Ezzard Charles
Weltmeister 1949–1951

Glanz- und glücklos waren Karriere und Leben des Ezzard Charles (1921–1975). Denn wer auch immer nach Joe Louis gekommen wäre, hätte es schwer gehabt, den Vergleich mit diesem großartigen Boxer und hochgeachteten Champion zu bestehen.

Ezzard Charles aus Georgia war ein exzellenter Amateur. Er blieb in 42 Amateurkämpfen immer nur siegreich und gewann alle Turniere um Titel, Goldene Handschuhe und Diamant-Gürtel im Welter- und Mittelgewicht, ehe er, noch nicht einmal 19 Jahre alt, Profi wurde.

Im Halbschwergewicht besiegte er die späteren Weltmeister Joey Maxim und Archie Moore jeweils dreimal, ohne selbst jemals die Chance zu erhalten, um den Titel zu kämpfen. Er stieg notgedrungen ins Schwergewicht auf und erregte 1948 mit einem K. o.-Sieg in der elften Runde über Joe Baksi Aufsehen.

Als Joe Louis seinen Titel freiwillig hergab, besiegte Ezzard Charles im Kampf um das Louis-Erbe am 22. Juni 1949 in Chicago Jersey Joe Walcott über 15 Runden nach Punkten. Doch erst als er über ein Jahr später das Comeback des Joe Louis mit einem Punktsieg vereitelte, wurde er allseits als Champion anerkannt. Charles verteidigte seinen Titel fleißig, neunmal innerhalb von zwei Jahren. Hierin wollte er wenigstens seinem großen Vorbild ebenbürtig sein.

So ließ er sich auch überreden, zum dritten Mal gegen seinen alten Rivalen Jersey Joe Walcott anzutreten. „Schon

Ezzard Charles

Geboren am 7. Juli 1921
in Lawrenceville/Georgia, USA.
Gestorben am 28. Mai 1975.

Größe:	183 cm
Gewicht:	83 kg
Reichweite:	188 cm
Brustumfang:	99 cm
Brustumfang, eingeatmet:	107 cm
Taille:	94 cm
Bizeps:	39 cm
Nacken:	42 cm
Handgelenk:	20 cm
Wade:	33 cm
Knöchel:	21 cm
Oberschenkel:	51 cm
Faust:	30 cm
Unterarm:	30 cm
Kämpfe:	129
K.-o.-Siege:	64
Punktsiege:	38
Unentschieden:	1
Punktniederlagen:	19
K.-o.-Niederlagen:	7
Keine Entscheidung:	0

jetzt sagen die Leute, ich hole meine Gegner aus dem Altersheim", klagte der Titelverteidiger, der wie in früheren Kämpfen ohne Brillanz sein Pensum herunterboxte, bis ihm der 37jährige Opa in der 7. Runde einen Uppercut unters Kinn schmetterte, der seiner Regentschaft ein Ende setzte.

Noch dreimal versuchte Ezzard Charles, den Titel zurückzugewinnen, scheiterte in der Revanche an Walcott und zweimal an Rocky Marciano. Seinen wahrscheinlich größten Fight lieferte Charles der Kampfmaschine Marciano, gegen die er am 17. Juni 1954 15 Runden lang auf den Beinen blieb. Er verlor knapp nach Punkten – er hatte eben kein Glück. Marciano verließ blutüberströmt den Ring, mähte Charles aber nur drei Monate später innerhalb von acht Runden nieder.

Charles konnte nicht Schluß machen. Er hörte auf und fing wieder an und stand noch mit 38 im Ring. Sein blendender Rekord wurde hier verunziert, als er als abgetakelter Champion jungen Heißspornen als „Schlachtopfer" vor die Fäuste gesetzt wurde. 13 bittere Niederlagen mußte er als Ringveteran einstecken, dennoch verlor er von insgesamt 129 Kämpfen nur 26.

Verarmt und nach langer schwerer Krankheit starb Ezzard Charles im Mai 1975 in einem Krankenhaus in Chicago. Er litt an Nervenschwund und fortschreitender Lähmung. Er war erst 54 Jahre alt.

Jersey Joe Walcott

Weltmeister 1951–1952

Mit nahezu 38 Jahren und erst im fünften Anlauf wurde Jersey Joe Walcott Schwergewichts-Weltmeister – das war in der abwechslungsreichen Geschichte der größten und schwersten Ringhelden schon einmalig. Als Ezzard Charles am 18. Juli 1951 in Pittsburgh in der 7. Runde unter Walcotts fürchterlichem Uppercut zusammenbrach, sich bei „9" wie auf Gummibeinen hochriß und dann kopfüber wieder auf den Bauch fiel, da kniete Jersey Joe im Ring nieder und betete. „Gott hat mir heute zugelächelt", sagte der bibelfeste und strenggläubige Boxer später.

Denn viermal war der „Methusalem" bereits gescheitert. Zweimal hatte er gegen den großen Joe Louis und zweimal gegen Charles verloren. Nach dem ersten Louis-Kampf glaubte jeder im Madison Square Garden, Walcott hätte gewonnen, die 18 000 Zuschauer, Joe Louis selbst und Ringrichter Ruby Goldstein. Nur die beiden Punktrichter hatten den Kampf anders gesehen und gaben dem Champion den Punktsieg.

Immerhin war's ein guter Zahltag für Jersey Joe, um zu Hause die hungrigen Mäuler (er hatte sechs Kinder) zu stopfen. Walcott verlor die Revanche gegen Louis, der diesmal besser trainiert war, durch K. o. in der elften Runde, und bezog nach dessen Rücktritt auch Niederlagen gegen Charles.

Walcott blieb im vierten Duell mit Charles auch in der Weltmeisterschaftsrevanche Sieger und akzeptierte nur

Jersey Joe Walcott

Geboren am 31. Januar 1914
in Merchantville/New Jersey, USA.

Größe:	183 cm
Gewicht:	88 kg
Reichweite:	188 cm
Brustumfang:	101 cm
Brustumfang, eingeatmet:	109 cm
Taille:	89 cm
Bizeps:	41 cm
Nacken:	43 cm
Handgelenk:	20 cm
Wade:	35 cm
Knöchel:	25 cm
Oberschenkel:	53 cm
Faust:	30 cm
Unterarm:	33 cm
Kämpfe:	67
K.-o.-Siege:	30
Punktsiege:	19
Unentschieden:	1
Punktniederlagen:	11
K.-o.-Niederlagen:	6
Keine Entscheidung:	0

vier Monate später die große „weiße Hoffnung", die mit 37 K. o.-Siegen und fünf Punkterfolgen wie ein Tornado durch die amerikanischen Ringe gefegt war: Rocky Marciano.

Doch Gott lächelte ihm nicht länger zu. Zwar stürzte Marciano in der ersten Runde zu Boden, sah übel zugerichtet aus, lag hoffnungslos zurück und schien in der 12. Runde mit seinen Kräften am Ende. Da, mit einem einzigen mächtigen Hieb, einem rechten Faustschlag genau auf die Kinnspitze, entriß der junge Draufgänger dem alten Haudegen in der 13. Runde doch noch den Titel. In der Revanche hatte Walcott dann keinerlei Chance; nach nur zweieinhalb Minuten wurde er ausgezählt.

Nach 23 meist mageren Profijahren trat Jersey Joe Walcott, der eigentlich Arnold Raymond Cream hieß, von der Ringbühne ab. Joe Walcott hatte er sich aus Verehrung für sein Jugendidol Joe Walcott, des als „Barbados Demon" bekannten einstigen Weltergewichts-Weltmeisters, genannt. Jersey fügte er zu Ehren seines Heimatstaates, New Jersey, der ihm nach seinem Rücktritt als Hilfssheriff in Camden auch einen festen Job verschaffte, hinzu.

Obwohl er 23 Jahre „im Geschäft" war, brachte es Jersey Joe Walcott nur auf 67 Profikämpfe, von denen er 49 (30 durch K. o.) gewann. Nach seinem Rücktritt machte Jersey Joe Walcott noch einmal Schlagzeilen: Als Ringrichter der Revanche Muhammad Ali gegen Sonny Liston trug er 1965 zum Chaos und zur Konfusion um das dubiose Ende in der ersten Runde bei.

Rocky Marciano

Weltmeister 1952–1956

Nach der Legende begann die erstaunliche Karriere des Rocky Marciano in einer Bar in Cardiff. Hier in Wales, während des Zweiten Weltkrieges, streckte Rocco Francis Marchegiano bei einer wilden Rauferei einen hünenhaften Australier mit einem wilden Schwinger nieder und wurde prompt überredet, in die Boxstaffel der Kompanie einzutreten.

Das war die „Geburtsstunde" des Rocky Marciano, des Boxers mit der vernichtendsten Schlagkraft seit Jack Dempsey, einer menschlichen Maschine, die unaufhaltsam mit ihren kurzen, stämmigen Armen alles zertrümmerte, was sich ihr in den Weg stellte.

Nach Kriegsende, in seiner Heimat Brockton in Massachusetts, benötigte er nur 62 Runden, um 22 Gegner niederzuwalzen. Ermutigt durch diese Erfolgskette bat er um einen Kampf im Madison Square Garden, dem Mekka der harten Fäuste. Al Weill, der Matchmaker, schickte eine einfache Fahrkarte nach Brockton und war maßlos enttäuscht, als da dieser untersetzte, nur 1,79 m große Neu-Engländer zum Vorboxen erschien. Nach der Statur war dies keine Schwergewichtshoffnung. Weill wandte sich schon dem Ausgang zu, da hörte er hinter seinem Rücken ein lautes Krachen. Rocky hatte seinen Sparringspartner k. o. geschlagen.

Weill änderte seine Ansicht und wurde Marcianos Manager. Rocky Marcianos Boxstil entbehrte jeglicher Kunstfertigkeit, Finessen und Technik; er stürmte einfach nach vorn wie ein

Rocky Marciano

Geboren am 1. September 1923
in Brockton/Massachusetts;
Amerikaner italienischer Abstammung.
Tödlich verunglückt
am 31. August 1969.

Größe:	179 cm
Gewicht:	83 kg
Reichweite:	173 cm
Brustumfang:	99 cm
Brustumfang, eingeatmet:	107 cm
Taille:	81 cm
Bizeps:	35 cm
Nacken:	42 cm
Handgelenk:	19 cm
Wade:	37 cm
Knöchel:	25 cm
Oberschenkel:	56 cm
Faust:	29 cm
Unterarm:	30 cm
Kämpfe:	49
K.-o.-Siege:	43
Punktsiege:	6
Unentschieden:	0
Punktniederlagen:	0
K.-o.-Niederlagen:	0
Keine Entscheidung:	0

Bulldozer, beachtete die Schläge des Gegners nicht, sondern schlug selbst so wild und so lange drauflos, bis der Rivale zusammenbrach. Das wollten die Leute sehen. Wer gegen diesen Roboter auf den Beinen bleiben konnte, der mußte schon ein exzellenter Boxer sein. Nur sechs seiner 49 Gegner schafften es.

Ein K. o.-Sieg über den alternden Joe Louis machte Rocky Marciano zum Titelanwärter. Der berühmte Trainer Charley Goldman versuchte vor dem Titelkampf gegen den 38jährigen Jersey Joe Walcott am 23. September 1952 in Philadelphia dem Herausforderer schnell noch ein paar Feinheiten beizubringen, doch Rocky verließ sich allein auf seine animalische Kraft und seine hämmernden Fäuste.

Nach nur anderthalb Minuten lag der Herausforderer, von einem genau gezielten linken Haken an der Kinnspitze getroffen, auf dem Ringboden. Eine völlig ungewohnte Situation. Instinktiv stand Rocky sofort wieder auf, stürmte weiter selbstzerstörerisch nach vorne und erhielt zwölf Runden lang von Walcott eine wahre Boxlektion.

,,Du hast nur noch eine Chance", jagte Al Weill den blutenden, zerschundenen und verbeulten ,,Brockton Blockbuster" in die 13. Runde. Jersey Joe war müde geworden und konnte, am Seil lehnend, nicht mehr jenem, aus kürzester Entfernung geschlagenen rechten Schmiedehammer ausweichen, den der Herausforderer an sein Kinn schmetterte. Nach 43 Sekunden der 13. Runde hieß der Weltmeister im Schwergewicht Rocky Marciano, jener Mann, von dem Jersey Joe Walcott einmal gesagt hatte: ,,Wenn der mich schlägt, könnt ihr meinen Namen aus den Boxannalen ausradieren." Sechsmal verteidigte Rocky Marciano, der erste weiße Weltmeister seit 15 Jahren, seinen Titel. In der Revanche kam das „Aus" für Jersey Joe Walcott schon nach 2:25 Minuten der ersten Runde. Vorzeitig blieben auch Roland LaStarza, Ezzard Charles, der Brite Don Cockell und der Veteran Archie Moore auf der Strecke. Nur Ezzard Charles überstand beim ersten Kampf die volle 15-Runden-Distanz.

Nach dem Kampf gegen Opa Archie, der ihn wie Jersey Joe von den Beinen geholt hatte, grübelte Rocky Marciano monatelang über seine Zukunft nach. Er hatte mit seinen Fäusten vier Millionen Dollar verdient, aber selbst schwere Gesichtsverletzungen erlitten. Ezzard Charles zum Beispiel hatte seine Nase völlig demoliert. Seine Frau drängte ihn unentwegt, aufzuhören.

Am 27. April 1956, sieben Monate nach dem Kampf gegen Archie Moore, verkündete Rocky Marciano dann öffentlich seinen Rücktritt. Er war der erste Schwergewichts-Weltmeister, der ohne eine einzige Niederlage in seiner ganzen Laufbahn abtrat. Und wie Gene Tunney widerstand er allen Versuchungen, in den Ring zurückzukehren.

Er tat's nur noch einmal, für einen nach Computer-Angaben gedrehten Kampffilm mit Muhammad Ali. Nur wenige Wochen nach Beendigung der Dreharbeiten, am Tag vor seinem 46. Geburtstag, kam der große Rocky Marciano bei einem Flugzeugabsturz am 31. August 1969 in Newton, Iowa, ums Leben. Sein gefilmtes Comeback erlebte Rocky Marciano nicht mehr. Der Computer hatte ihn als den besten aller Schwergewichtsweltmeister ermittelt – er besiegte auch Muhammad Ali.

Floyd Patterson
Weltmeister 1956–1959, 1960–1962

Ihm fällt der Ruhm zu, zwei Rekorde von ringhistorischer Bedeutung aufgestellt zu haben: Mit 21 Jahren, zehn Monaten und 26 Tagen war Floyd Patterson am Tag seines Sieges über Archie Moore der jüngste aller Box-Weltmeister im Schwergewicht. Noch bedeutender war indes seine Tat, als erster Champion das eiserne Gesetz vom „They never come back" zu brechen. 61 Jahre lang hatte dieses ungeschriebene Gesetz, daß die Schwergewichts-Boxweltmeister nie zurückkehren, allen Angriffen von Fitzsimmons, Corbett, Jeffries, Dempsey, Schmeling, Louis, Charles und Walcott widerstanden.

Floyd Patterson sorgte dafür, daß dieses Gesetz seine Gültigkeit verlor. Es war am 20. Juni 1960.

Geboren in Waco County in North Carolina am 4. Januar 1935 als drittes von zehn Kindern eines armen Dockarbeiters, drohte der junge Floyd Patterson bald auf die schiefe Bahn zu geraten. In Brooklyn, im Armenviertel Bedford-Stuyvesant, einem zweiten Harlem, trieb er sich mehr auf der Straße als in der Schule herum und mußte in eine Erziehungsanstalt gesteckt werden.

Die Boxschule hielt ihn letztlich davon ab, daß er im Gefängnis landete. Mit wahrer Besessenheit, die ihn während seiner ganzen Karriere nie wieder verließ, gab er sich dem Boxsport hin. Mit 16 gewann er bereits die „Golden Gloves", mit 17 wurde er 1952 in Helsinki Olympiasieger im Mittelgewicht.

Cus D'Amato, ein abgebrühter Manager, der früh die Talente des Teenagers erkannt hatte, steuerte seinen Schützling bei den Profis geschickt nach oben, ohne Hast, gemäß der Devise, daß Vorsicht der klügere Teil der Tapferkeit sei. Pattersons Jugend gebot keine Eile. Sechs Jahre, sagte D'Amato, würde es dauern, bis Floyd Patterson reif für den Schwergewichtstitel sei.

Der Rücktritt Rocky Marcianos beschleunigte indes den Aufstieg. Zu diesem Zeitpunkt hatte Patterson 30 Kämpfe bestritten und nur einen, gegen den erfahreneren Joey Maxim, nach Punkten verloren. Patterson hatte einen eigenen Boxstil kreiert: Er „versteckte" seinen Kopf zwischen beiden Armen und sprang seine Gegner mit blitzschnellen Schlagkombinationen an. Der „Kopfschutz" hatte seine tiefere Ursache, denn Floyd besaß ein sogenanntes Glaskinn. Nahezu bei jedem Schlag aufs Kinn fiel er auch schon zu Boden.

Mit einem Punktsieg nach zwölf Runden in einem offiziellen Ausscheidungskampf gegen Tommy Jackson, den sie den „Hurricane" nannten, qualifizierte sich Floyd Patterson für den Kampf um den vakanten Titel gegen den fast doppelt so alten Archie Moore.

Methusalem Moore hatte gegen den jungen Himmelsstürmer keine Chance und ging in der fünften Runde k. o. Floyd Patterson wurde am 30. November 1956 der 20. Schwergewichts-Weltmeister, büßte aber bald viel von seinem Prestige ein, weil er auf Geheiß von D'Amato keinen der führenden Herausforderer akzeptierte, etwa den Kubaner Nino Valdes.

Die wohl größte Farce in der Boxgeschichte war Pattersons Titelverteidigung gegen Pete Rademacher, den kahlköpfigen Olympiasieger von Melbourne (1956), der bei seinem Profidebüt gleich um den höchsten Titel boxen durfte. Die Veranstalter verloren bei diesem Fiasko 120 000 Dollar, und beinahe hätte auch Patterson verloren. Denn in der zweiten Runde lag der Champion der Länge nach auf dem Boden.

Jackson, Rademacher, Roy Harris, der Brite Brian London, sie galten alle nicht als würdige Herausforderer, und als Floyd Patterson den Schweden Ingemar Johansson akzeptierte, forderte der namhafte Boxexperte Jimmy Cannon im „Journal American" gar „die Vereinten Nationen auf, den Kampf Patterson – Johansson zu verhindern".

Doch die Fachleute hatten sich ebenso geirrt wie die Meteorologen, die für den Kampf Sonne vorausgesagt hatten. Es goß in Strömen, und der Kampf im New Yorker Yankee Stadium mußte um 24 Stunden verschoben werden. Doch auch dann prasselte es noch Niederschläge – im Boxring. Siebenmal brach Patterson, von „Thors Hammer" getroffen, zusammen, bis Ringrichter Ruby Goldstein den völlig fertigen Champion nach 2:03 Minuten der dritten Runde in seine Ecke führte.

Abgeschieden, grimmig und besessen trainierte Patterson, er war immerhin erst 24, elf Monate lang für die Revanche, studierte immer wieder den Film und die Fehler von seinem Fiasko. Am 20. Juni 1960, einem sporthistorischen Datum, entriß er Ingemar Johansson mit einem K.-o.-Sieg in der 5. Runde wieder den Titel. Das Ereignis war sein Geld wert: Über drei Millionen Dollar betrug die Einnahme, bis dahin absoluter Rekord.

Patterson gewann auch den dritten Kampf gegen Johansson (6. Runde), erkor den schwachen Tom McNeeley zum Herausforderer, der wie ein Jo-Jo zehnmal hoch und nieder ging, ehe in der vierten Runde das „Aus" kam.

Dann stellte er sich Charles „Sonny" Liston, der alles andere als ein „Sonnyboy" war. Das einzige, was Patterson gegen diesen Ex-Sträfling, einen grimmigen, schwarzen „Vernichter", aufbieten konnte, war bewunderungswürdiger Mut. Doch der reichte jeweils nur eine Runde.

Jeder hatte erwartet, daß Floyd Patterson, mittlerweile 28, nach diesen beiden vernichtenden und kurzrundigen Niederlagen die Handschuhe an den Nagel hängen würde. Er war Millionär, denn er hatte die 7,7 Millionen im Ring eingenommenen Dollars gut angelegt. Doch Patterson liebte das Boxen zu sehr, um mit 28 bereits aufzuhören.

Er boxte noch (letztmals) mit 37 Jahren und versuchte noch zweimal, ein drittes Mal Weltmeister zu werden. Er scheiterte an Muhammad Ali (Abbruch 12. Runde wegen einer Rückenverletzung) und an einem der Pseudo-Weltmeister während Alis Verbannung, an Jimmy Ellis. Als „Stockholm Stinker" ging diese unverdiente Punktniederlage Pattersons in die Annalen ein, eines der krassesten Fehlurteile der Schwergewichts-Geschichte.

Floyd Patterson bestritt 64 Kämpfe, von denen er fünf durch K. o. und drei nach Punkten verlor. Durch eine führende Funktion in der New York State Athletic Commission blieb er auch nach seinem Rücktritt seiner großen Liebe treu.

Floyd Patterson

Geboren am 4. Januar 1935
in Waco/North Carolina, USA.

Größe:	183 cm
Gewicht:	89 kg
Reichweite:	180 cm
Brustumfang:	101 cm
Brustumfang, eingeatmet:	107 cm
Taille:	82 cm
Bizeps:	36 cm
Nacken:	43 cm
Handgelenk:	15 cm
Wade:	39 cm
Knöchel:	24 cm
Oberschenkel:	55 cm
Faust:	32 cm
Unterarm:	30 cm
Kämpfe:	64
K.-o.-Siege:	40
Punktsiege:	15
Unentschieden:	1
Punktniederlagen:	3
K.-o.-Niederlagen:	5
Keine Entscheidung:	0

Ingemar Johansson
Weltmeister 1959–1960

Ein „Feigling" auf dem Schwergewichts-Thron? Unvorstellbar. Ingemar Johansson, der Schwede, war mit diesem Makel aus seinen Amateur-Tagen behaftet, denn im Finale der Olympischen Spiele 1952 in Helsinki rannte Ingo so lange vor dem amerikanischen Schwergewichtler Ed Sanders davon, bis der Ringrichter den Kampf in der zweiten Runde abbrach und Johansson „wegen Feigheit vor dem Feind" disqualifizierte. Das Internationale Olympische Komitee verlieh dem Schweden auch nicht die Silbermedaille, die dem Finalisten von vornherein „sicher" war.

Die Schmach von Helsinki störte indes den Göteborger Verleger Edwin Ahlquist herzlich wenig. Er machte Ingemar Johansson noch im selben Jahr zum Profi und führte ihn zielbewußt und äußerst geschickt an die Europa- und die Weltmeisterschaft heran. Vier Jahre nach der Demütigung bei Olympia wurde Ingemar Johansson Europameister durch einen K.-o.-Sieg in der 13. Runde über den Italiener Franco Cavicchi. Der Kampf in Mailand war sein 15. und gleichzeitig sein 15. Sieg.

Zwei Jahre später holte Ahlquist Eddie Machen (Nr. 1 der Weltrangliste), der dicht vor einem Titelkampf mit Floyd Patterson stand, nach Göteborg. Wie später Patterson, so unterschätzte auch der Kalifornier den Europäer, der in den sechs Jahren seiner Profilaufbahn seinen rechten Faustschlag zur Perfektion entwickelt hatte, einen blitzschnellen, pfeilgeraden Hieb, der als „Thors Hammer" Geschichte machte.

Der erste Treffer katapultierte Machen durch den halben Ring. Zweimal noch stand Eddie Machen benommen auf, ehe er nach zwei Minuten und 16 Sekunden der ersten Runde ausgezählt wurde.

21 Kämpfe, 21 Siege, der Europameister war für die amerikanischen Promoter interessant geworden. Obwohl Europäer, wurde er zur neuen „weißen Hoffnung", und auch zur Hoffnung, endlich wieder die Millionen-Dollar-Einnahmen-Grenze zu überschreiten, was letztmals 1946 bei Louis – Conn der Fall gewesen war.

Aber alle Propaganda mit „Thors Hammer" konnte die Presse nicht beeindrucken. Ja, die Kritik verschlechterte sich in den Wochen vor dem Titelkampf, als der Herausforderer mit seiner ganzen Familie in das Trainingscamp in den Catskill Mountains bei New York zog und die Nächte mit seiner Braut Birgit in den Bars durchtanzte. Vorbereitung in einer Bar für einen Boxkampf? Ein Reporter forderte sogar die Vereinten Nationen auf, den Kampf zu verbieten.

Nur 18 215 Zuschauer verloren sich im Yankee Stadium und zahlten gerade 470 000 Dollar. Ohne die Einnahmen aus den Fernseh-Theatern (1,03 Millionen Dollar) wäre die Weltmeisterschaft kein Geschäft geworden.

Doch der Kampf endete mit einer Sensation, der größten seit Schmelings K.-o.-Sieg über Joe Louis. Nach zwei langweiligen Runden lugte Patterson aus seiner „Peek-a-Boo"-Deckung heraus – wumm, und schon krachte „Thors Hammer" ans Kinn des Weltmeisters.

Ingemar Johansson

Geboren am 22. September 1932
in Göteborg, Schweden.

Größe:	184 cm
Gewicht:	86 kg
Reichweite:	184 cm
Brustumfang:	109 cm
Brustumfang, eingeatmet:	114 cm
Taille:	86 cm
Bizeps:	42 cm
Nacken:	43 cm
Handgelenk:	18 cm
Wade:	41 cm
Knöchel:	25 cm
Oberschenkel:	61 cm
Faust:	34 cm
Unterarm:	38 cm
Kämpfe:	28
K.-o.-Siege:	17
Punktsiege:	9
Unentschieden:	0
Punktniederlagen:	0
K.-o.-Niederlagen:	2
Keine Entscheidung:	0

Siebenmal in einer Runde schmetterte Ingos rechte Faust den Champion auf die Bretter, ehe Ringrichter Ruby Goldstein Einsicht und Erbarmen zeigte, und den sich instinktiv immer wieder zum Kampf stellenden Patterson in die Ecke führte. Nach 2:03 Minuten der dritten Runde war die Sensation perfekt. Schweden feierte an diesem 26. Juni 1959 einen neuen Nationalhelden.

360 Tage währte Ingemar Johanssons Ruhm, dann entriß ihm in der Revanche von sporthistorischer Bedeutung Patterson durch einen K.-o.-Sieg in der fünften Runde wieder den Titel. Dieser Rückkampf am 20. Juni 1960 hatte 31 892 Zuschauer in die New Yorker Polo Grounds gelockt, und mit über drei Millionen Dollar (824 814 Dollar Einnahme im Stadion, 2,25 Millionen Dollar Einnahme von 225 TV-Kinos) wurde ein neuer Rekord erzielt.

Ingemar Johansson scheiterte auch im dritten Kampf an Floyd Patterson (K. o. 6. Runde), gewann aber die Europameisterschaft, die er als „Weltregent" niedergelegt hatte, von dem Engländer Dick Richardson zurück. Er trat jedoch schon bald, mit 31 Jahren, zurück. Er vertrug, vom süßen Leben verweichlicht, keine harten Schläge mehr. In seinem letzten Kampf am 21. April 1963 rettete ihn nur der Schlußgong vor dem Knockout gegen den Briten Brian London.

Ingemar Johansson beschloß, sich nur noch um seine vielen Geschäfte zu kümmern, die er sich mit den 1,5 Millionen Dollar allein aus den drei Patterson-Kämpfen aufgebaut hatte.

Obwohl elf Jahre Profi, bestritt er nur 28 Kämpfe, von denen er nur die beiden Duelle gegen Floyd Patterson verlor.

Sonny Liston
Weltmeister 1962–1964

„Unterwelt-Champion" wurde Charles „Sonny" Liston oft spöttisch genannt, denn der alles andere als „sonnige" Sonny hatte das Boxen im Gefängnis gelernt, wo er sich auch während seiner Profi-Laufbahn noch sehr häufig aufhielt.

Einen Geburtsschein besaß er nicht. Als eines von 25 Kindern eines Tagelöhners war er irgendwann zwischen 1925 und 1932 in einem kleinen Kaff des St. Francis County in Arkansas zur Welt gekommen. Wer Zweifel an seinem Alter hegte, dem pflegte Sonny Liston übelgelaunt und grunzend seinen Paß zu zeigen. Geburtsdatum: 8. Mai 1932. Aber das dürfte ebenso falsch und mysteriös sein wie so vieles im Leben des Sonny Liston.

Nach einem Raubüberfall in St. Louis wurde der Räuber Charles Liston in das Staatsgefängnis von Jefferson City gesperrt, und hier brachte ein Priester, Alois Stevens, dem hünenhaften Analphabeten das Boxen bei.

Nach seiner Entlassung wurde er 1953 Berufsboxer, und seine Serie von kurzrundigen K.-o.-Siegen machte ihn bald zum Schreckgespenst, das jedoch 1957 für neun Monate wieder hinter Gefängnismauern verschwand. Liston hatte einen Polizisten tätlich angegriffen.

Wieder frei, setzte er seine furchterregende Knockout-Serie fort. 34 Kämpfe, 23 K.-o.-Siege und nur eine Punktniederlage – das war ein derart imponierender Rekord, daß Floyd Patterson nicht länger den Hohn ertragen wollte,

Sonny Liston

Geboren am 8. Mai 1932
in St. Francis County/Arkansas, USA.
Gestorben am 30. Dezember 1970.

Größe:	185 cm
Gewicht:	96 kg
Reichweite:	213 cm
Brustumfang:	112 cm
Brustumfang, eingeatmet:	118 cm
Taille:	84 cm
Bizeps:	42 cm
Nacken:	44 cm
Handgelenk:	21 cm
Wade:	41 cm
Knöchel:	30 cm
Oberschenkel:	65 cm
Faust:	38 cm
Unterarm:	37 cm
Kämpfe:	54
K.-o.-Siege:	39
Punktsiege:	11
Unentschieden:	0
Punktniederlagen:	1
K.-o.-Niederlagen:	3
Keine Entscheidung:	0

nur Champion von Listons Gnaden zu sein. Patterson sagte: „Man soll endlich aufhören, von seiner Vergangenheit zu sprechen. Jeder Mann hat das Recht, sich zu bewähren. Ich gebe Sonny die Chance, die er sich als Boxer verdient hat."

Sonny Liston dankte Floyd Patterson nicht gerade für seinen Edelmut. Am 25. September 1962 in Chicago schlug er den Champion mit seinen mächtigen Fäusten schon nach 2:06 Minuten der ersten Runde k. o. und ließ ihn in der Revanche ein Jahr später gerade vier Sekunden länger stehen.

„Wenn mich die Öffentlichkeit akzeptiert, verspreche ich, ein würdiger Champion zu sein", versprach Liston nach dem ersten Sieg. Akzeptiert und kontrolliert wurde er vor allem von der Unterwelt. Und seine „Würde" endete am 25. Februar 1964 auf dem Ringschemel, als er in Miami Beach gegen diesen verrückten Schreihals Cassius Clay zur 7. Runde nicht mehr antrat, wegen einer angeblichen Schulterverletzung. Charles „Sonny" Liston war nach Jess Willard der zweite Champion, der Kampf und Krone im Ring aufgab.

Ebenso dubios war das Ende der Revanche ein Jahr später in Lewiston, Maine, als Liston in der ersten Runde von einem Schlag Clays k. o. ging, den niemand gesehen hatte. Nicht einmal die Zeitlupe der Fernseh-Aufzeichnung entdeckte den „Phantom-Schlag".

Am 5. Januar 1971 wurde Charles „Sonny" Liston von seiner Frau Geraldine tot in seiner Wohnung in Las Vegas aufgefunden. Er war bereits acht Tage zuvor gestorben. Sonny Listons Tod blieb so mysteriös wie sein ganzes Leben.

Muhammad Ali

Weltmeister 1964–1967, 1974–

Norman Mailer nannte ihn „Amerikas größtes Ego" und schwärmte von Muhammad Ali nicht weniger als die Medien und die Massen. Keiner seiner 24 Vorgänger besaß so viel Charme und Charisma, Geist und Genie, Mut und Mundwerk, Stolz und Stehvermögen, Witz und Wort in und außerhalb des Boxrings wie dieser begabte und begnadete Boxer, dessen elegante Faust- und Fußtechnik hielt, was sein nimmermüdes Geplapper versprach.

Hätte es noch kein Fernsehen und keine Satelliten gegeben, sie hätten seinetwegen erfunden werden müssen. Ein perfekter Showstar, ein Narziß („Ich bin der Größte und Schönste"), dessen Fernsehauftritte mehr Zuschauer vor die Bildschirme und in die Kinos locken als Mondlandung, Fußball-Weltmeisterschaft oder Olympische Spiele. Er kassierte und kassiert für einen Kampf mehr als Joe Louis oder Rocky Marciano in ihrer ganzen Karriere.

Er wurde zu einem größeren Politikum als einst Jack Johnson, bewies seine bewundernswerte Geisteshaltung, als er den Wehrdienst verweigerte („Ich habe nichts gegen diese Vietcong") und dafür über drei Jahre Verbannung vom Boxring in seinen besten Jahren in Kauf nahm.

Als Sohn eines Schildermalers geboren, wußte Cassius Marcellus Clay – wie einst Gene Tunney – schon als zwölfjähriger Steppke, daß er einst Schwergewichts-Weltmeister werden würde. Weltweites Aufsehen erregte er erstmals bei den Olympischen Spielen 1960

Muhammad Ali

Geboren am 17. Januar 1942
in Louisville/Kentucky, USA;
Ursprünglicher Name: Cassius Clay.

Größe:	190 cm
Gewicht:	98 kg
Reichweite:	208 cm
Brustumfang:	107 cm
Brustumfang, eingeatmet:	113 cm
Taille:	86 cm
Bizeps:	38 cm
Nacken:	43 cm
Handgelenk:	19 cm
Wade:	43 cm
Knöchel:	24 cm
Oberschenkel:	63 cm
Faust:	30 cm
Unterarm:	34 cm
Kämpfe:	52
K.-o.-Siege:	36
Punktsiege:	14
Unentschieden:	0
Punktniederlagen:	2
K.-o.-Niederlagen:	0
Keine Entscheidung:	0

in Rom, als er im Halbschwergewicht den polnischen Veteranen Pietrczykowski mit seinen flinken Fäusten und schnellen Schritten lächerlich machte und die Goldmedaille gewann. Noch im Oktober desselben Jahres wurde er Profi unter der Leitung der „Louisville Sponsoring Group", einer Gruppe von zwölf einflußreichen Geschäftsleuten.

Indem er die Runde voraussagte, in der er seine Gegner k. o. zu schlagen pflegte, und mit der Beschimpfung seiner Rivalen machte er zunächst mehr auf sich aufmerksam als mit seiner imponierenden Serie von 19 aufeinanderfolgenden Siegen, die ihn für einen Weltmeisterschaftskampf mit Sonny Liston qualifizierten.

Obwohl krasser Außenseiter, erstarrte Clay nicht vor Schrecken vor dem grimmigen Hünen, schimpfte ihn vielmehr einen „häßlichen Bären" und verwirrte mit seiner hysterischen Schreierei den einfältigen Champion derart, daß er am 25. Februar 1964 in Miami Beach nach sechs Runden zerschunden und zermürbt wegen einer angeblichen Schulterverletzung aufgab.

Cassius Clay, gerade 22 Jahre alt, war Weltmeister, aber nicht länger Cassius Clay.

Nur drei Tage nach seinem Titeltriumph trat er zum Islam über und der Organisation der „Black Muslims" bei. Er legte seinen „Sklavennamen" ab und nannte sich Muhammad Ali, brach bald mit seinen weißen Managern und verbündete sich mit dem mächtigen Muslim-Mann Herbert Muhammad, ließ sich von seiner Frau Sonji scheiden, weil sie für einen Moslem „zu sexy" war.

Der Phantomschlag, mit dem er

Sonny Liston in der Revanche niederstreckte, trug auch nicht dazu bei, seine schwindende Popularität aufzuhalten. Achtmal verteidigte er seinen Titel, darunter in England und in Deutschland (gegen Karl Mildenberger). In den USA wurde er immer unpopulärer. Denn „Black Muslims" und „Black Power" galten als Synonym der Gewalt, und der anerkannte Kolumnist Jimmy Cannon behauptete gar, unter der Kontrolle der Mafia wäre der Boxsport wohl noch besser dran gewesen als unter der Kontrolle der Black Muslims.

Die World Boxing Association nahm Alis Titelverteidigung gegen den unqualifizierten Kanadier George Chuvalo zum Anlaß, ihm den Titel abzuerkennen und Ernie Terrell zum „Gegenkaiser" zu küren. Diesen Terrell, einen Neger der Weißen, einen Bohemien, quälte Ali dann später 15 Runden lang in einem einseitig grausamen Kampf.

„What's my name", „Wie ist mein Name", schrie Ali Runde um Runde seinen Gegner an, der ihn beharrlich wie das weiße Amerika Cassius Clay nannte, und strafte ihn für die ausbleibende Antwort mit peinigenden Schlägen.

„Ich habe nicht nur mit Terrell gesprochen", sagte Ali, „sondern mich an all die Leute gewandt, die mich immer noch Cassius Clay nennen. Sie kämen nicht darauf, Sugar Ray Robinson, Howard Cosell oder Edward G. Robinson bei den alten Namen zu rufen, die sie abgelegt haben. Warum dann mich? Ich war nicht wütend auf Ernie, ich war wütend auf die Leute, die ihn zu dem mißbrauchten, was sie selbst gerne getan hätten. Ich schlug nicht Ernie, sondern die dicken, satten WBA-Bonzen, die mir den Titel genommen hatten."

Das weiße und patriotische Amerika begann Muhammad Ali zu hassen und dankte ihm für den Schritt, den der sonst so schrittgewandte Ali am 28. April 1967 nicht tat. Als „Cassius Clay" aufgerufen, in der Musterungsbehörde 61 in der San Yacinto Street von Houston einen Schritt vorzutreten und den Eid auf die amerikanische Fahne abzulegen, blieb Muhammad Ali beharrlich stehen. Zwei Monate später, am 25. Juni, wurde er wegen Wehrdienstverweigerung zu fünf Jahren Gefängnis verurteilt. Er verlor seine Lizenz und seinen Titel.

Am 17. August heiratete er die strenggläubige Muslim Belinda und zog als eine Art Muslim-Prediger durchs Land. Alle Bemühungen, in den Ring zurückzukehren, scheiterten an Ressentiments und patriotischen Parolen, so daß Muhammad Ali am 3. Februar 1970 entmutigt seinen Rücktritt erklärte.

Doch nur vier Monate später errang Ali einen großen Sieg: Er gewann letztlich seinen langwierigen und kostspieligen Rechtsstreit, als der Oberste Gerichtshof in Washington die fünfjährige Gefängnisstrafe aufhob und den Lizenzentzug für Unrecht erklärte.

Denn mittlerweile hatte sich auch im weißen und patriotischen Amerika die Stimmung gegen den Krieg in Vietnam gewandelt, und der Gouverneur von Georgia, Lester Maddox, gab seine Genehmigung für einen Kampf Muhammad Alis. Nach fast dreieinhalbjähriger Verbannung kehrte Muhammad Ali, mittlerweile 28, in den Ring zurück und besiegte am 26. Oktober 1970 den Weißen Jerry Quarry in der dritten Runde durch K. o.

Nach einem weiteren K.-o.-Sieg über

den robusten Argentinier Oscar Bonavena fieberte nun ganz Amerika dem Duell der unbesiegten Giganten entgegen, dem Kampf Muhammad Alis gegen Joe Frazier, der während seiner Abwesenheit sein Erbe angetreten hatte.

Jeweils 2,5 Millionen Dollar, die bis dahin höchste Gage, kassierten die beiden unbesiegten Schwergewichts-Weltmeister für ihren „Kampf des Jahrhunderts", den Frazier am 8. März 1971 im New Yorker Madison Square Garden über 15 Runden nach Punkten gewann. Von der langen Pause noch ringrostig und in der 15. Runde nach einem schweren linken Haken fast k. o., hatte Ali den Kampf klar und verdient verloren.

Aber Ali war noch nicht am Ende. Auch eine neue Punktniederlage gegen Ken Norton, der ihm den Kiefer brach, konnte sein Comeback nicht aufhalten. Nach gelungener Revanche gegen den mittlerweile von George Foreman entthronten Joe Frazier schlug Muhammad Ali im „Showdown in Schwarzafrika" am 30. Oktober 1974 in Kinshasa den unbesiegten Favoriten Foreman nach einer taktischen Meisterleistung in der 8. Runde k. o. und wurde wie vor ihm nur Floyd Patterson wieder Weltmeister. Die Börsen: je 5 Millionen Dollar.

Im „Thrilla von Manila" gewann der Globetrotter auch das dritte Duell mit Frazier, der zur 15. Runde nicht mehr antreten durfte.

Obwohl er ständig von Rücktritt sprach, boxte Millionen-Muhammad munter weiter. Mitte 1976, 34 Jahre alt, nach 54 Kämpfen (2 Niederlagen) und fast 35 Millionen Dollar Brutto-Börse war ein nahes Ende jedenfalls noch nicht abzusehen . . .

Joe Frazier
Weltmeister 1970–1973

Als kleiner Junge, wenn er nach der Arbeit auf dem Feld gegen einen mit Moos und Laub gefüllten Leinensack drosch, wollte er nicht gestört werden. „Laßt mich in Ruhe, ich trainiere, um ein zweiter Joe Louis zu werden."

Joe Frazier wurde kein zweiter Joe Louis, sondern ein schwarzer Rocky Marciano, der mit seinen kurzen, aber rammbockähnlichen Armen seine Gegner ebenso vernichtend zu zertrümmern pflegte wie einst der unbesiegt abgetretene Weltmeister.

Doch als achtjähriger Junge träumte der kleine Joe nur von dem großen Joe, wenn er sich als das jüngste von 13 Kindern eines armen Landarbeiters auf der Gemüseplantage in Laurel Bay in South Carolina bis zu zwölf Stunden am Tag plagen mußte.

Mit 16 war er bereits mit Florence verheiratet und Vater, verließ die mühselige Plantagenarbeit im Süden und folgte seinen großen Brüdern in die Stadt, nach Philadelphia. Für 75 Dollar die Woche fand er einen Job im Schlachthof. Er wurde dick, wog als Teenager bald 105 Kilo, was ihn zwang, seinem Jugendtraum wieder nachzugehen: In der Sportschule der Polizei wurde er unter der Anleitung von Yank Durham ein erfolgreicher Amateurboxer, der von 40 Kämpfen nur zwei verlor.

Als Amateur profitierte Joe Frazier erstmals vom Pech eines anderen. Denn bei den Olympia-Ausscheidungen hatte er zweimal gegen Buster Mathis verloren, der sich dann im Training mit Frazier vor den Olympischen Spielen 1964 einen Daumen brach. Frazier durfte nach Tokio und wurde Schwergewichts-Olympiasieger.

Zum zweiten Glücksfall wurde die Verbannung Muhammad Alis, als Joe Frazier, gemanagt von der Aktiengesellschaft „Cloverlay Inc.", nach einer Serie von nur 19 Siegen innerhalb von drei Jahren bereits dessen Nachfolge antrat. Zunächst war er nur Champion von Gnaden der New York State Athletic Commission (K.-o.-Sieg 11. Runde am 4. März 1968 über seinen einstigen Bezwinger Buster Mathis). Nach dem K.-o.-Sieg über Alis Sparringspartner Jimmy Ellis am 16. Februar 1970 erkannte ihn auch die World Boxing Association an, deren Ali-Nachfolger-Turnier Ellis überraschend gewonnen hatte.

Doch Joe Frazier stand im Schatten Muhammad Alis, und solange er ihm nicht im Ring gegenübertrat, konnte er sich auch nur als Champion der Boxbehörden und nicht der Boxbegeisterten fühlen.

Frazier schürte denn auch das öffentliche Interesse an einem Kampf gegen den noch verbannten Vorgänger. Mit ihm heckte er auf einer zweistündigen Autofahrt auch jenen Streit aus, den sie in seiner Trainingshalle in Philadelphia mit den Fäusten austragen wollten. Es kam zu einem riesigen Menschenauflauf und verheerenden Verkehrschaos. Die Polizei griff ein und riet, den Schauplatz in einen Park zu verlegen. Wie verabredet erschien Frazier jedoch nicht. Er habe auf das Flehen seines väterlichen Trainers Yank Durham gehört und dem Spuk ein Ende bereitet, hieß es.

Doch der Kampf Frazier – Ali war

Joe Frazier

Geboren am 12. Januar 1944
in Beaufort/South Carolina, USA.

Größe:	183 cm
Gewicht:	88 kg
Reichweite:	187 cm
Brustumfang:	107 cm
Brustumfang, eingeatmet:	112 cm
Taille:	86 cm
Bizeps:	38 cm
Nacken:	44 cm
Handgelenk:	18 cm
Wade:	34 cm
Knöchel:	28 cm
Oberschenkel:	66 cm
Faust:	33 cm
Unterarm:	33 cm
Kämpfe:	34
K.-o.-Siege:	27
Punktsiege:	5
Unentschieden:	0
Punktniederlagen:	1
K.-o.-Niederlagen:	1
Keine Entscheidung:	0

nun siedendheiß. Nur ein halbes Jahr später, am 8. März 1971 – Ali durfte mittlerweile wieder boxen –, traten die beiden Gladiatoren, die unbesiegten Weltmeister, zu ihrem „Showdown" im New Yorker Madison Square Garden an. 2,5 Millionen Dollar, das war für jeden die garantierte Börse.

Joe Frazier lieferte seinen größten Kampf und besiegte den Größten in 15 dramatischen Runden nach Punkten. In der letzten Runde hätte er seinen Schatten mit einem linken Haken beinahe sogar vollends ausgewischt. Doch Frazier bezahlte den Sieg mit Blut und Beulen und einem Krankenhaus-Aufenthalt.

Auf der Höhe des Triumphes verfiel er in den gleichen Fehler wie viele Ringhelden vor ihm – zurück bis John L. Sullivan. Frazier führte ein luxuriöses Leben. Der einstige Plantagenarbeiter kaufte seiner Familie (fünf Kinder) eine riesige Plantage, nur 19 Meilen von seinem Geburtsort entfernt. Er fuhr Luxuslimousinen, versuchte als Rocksänger Karriere zu machen, verteidigte seinen Titel in zwei Jahren nur zweimal gegen völlig unqualifizierte Herausforderer. Joe Frazier war fett und völlig außer Form, als er am 22. Januar 1973 in Kingston, Jamaika, gegen jenen Boxer antrat, der als Olympiasieger sein Nachfolger geworden war und ihn nun auch als Profi-Champion ablösen sollte: George Foreman, ein schwarzer Herkules, schlug Joe Frazier, der bis dahin in 29 Kämpfen unbesiegt geblieben war, in zwei Runden sechsmal zu Boden und schwer k. o.

Ein neuer Anlauf endete bei Muhammad Ali, der die Revanche nach Punkten gewann und ihm dennoch, als er wieder Weltmeister geworden war,

nochmals eine Titelchance im „Thrilla von Manila" gab. Es war gewissermaßen der Dank dafür, daß damals in der Verbannung auch Joe Frazier viel für die Rückkehr Alis getan und sich ihm sofort gestellt hatte. „Smokin Joe" qualmte 14 Runden, dann ließ ihn sein Manager Eddie Futch, der die Stelle des verstorbenen Yank Durham eingenommen hatte, zur 15. Runde nicht mehr antreten. Der Trainer fürchtete um Fraziers Gesundheit und riet ihm, ganz Schluß zu machen.

Hätte Joe Frazier nur auf ihn gehört:

Am 30. Oktober 1974 in Kinshasa: Muhammad Ali schlägt George Foreman durch Knockout in der achten Runde und wird sieben Jahre, nachdem ihm der Titel abgesprochen worden war, wieder Weltmeister im Schwergewicht.

Am 16. Juni 1976 erlitt er in der Revanche gegen George Foreman eine weitere schwere Niederlage, die vierte in 36 Kämpfen.

George Foreman

Weltmeister 1973–1974

George Foreman hatte zwei lichte Momente in seinem komplizierten Leben: Den ersten, als er sich dem Job Corps, einer Organisation freiwilliger Helfer, anschloß und aufhörte, Passanten in Houston zu überfallen und ihnen die Brieftaschen abzunehmen. Den zweiten, als er nach seinem Olympiasieg im Schwergewicht 1968 in Mexiko mit einem kleinen Sternenbanner durch den Ring schritt und damit gegen die Black-Power-Demonstrationen seiner Landsleute aus dem Leichtathletik-Lager demonstrierte. Die kleine Fahne brachte ihm mehr Achtung und Beachtung als die Goldmedaille.

Sonst aber hatte George Foreman nur Schwierigkeiten, mehr Probleme mit Managern als mit Gegnern. Es muß wohl an ihrer stattlichen Statur liegen, daß gerade diese großen Burschen mit oft kindlicher Naivität durchs Leben gehen. George Foreman jedenfalls, 1948 als eines von sieben Kindern eines armen Tagelöhners in Marshall, Texas, geboren, wurde ständig nur aufs Kreuz gelegt — trotz seiner mächtigen Figur von 1,90 m und zwei Zentnern.

Nach vier Profijahren hatte er zwar einen imponierenden Rekord von 34 Knockouts unter seinen 37 Siegen aufgestellt, aber kaum einen Dollar verdient. Er hatte sich windigen „Hintermännern", allen voran dem Agenten des Showstars Barbra Streisand, Marty Erlichmann, derart ausgeliefert, daß er wie die einzige Salami auf einem Ban-

kett in Stücke geschnitten wurde und
den Großteil seiner Energien damit ver-
schwendete, ein paar Scheiben zurück-
zubekommen.

So weigerte er sich 1973 zunächst, zu
dem von seinem Manager Dick Sadler
bereits vertraglich vereinbarten Titelkampf gegen Joe Frazier, an seinem 25.
Geburtstag in Kingston (Jamaika), anzutreten. „Ich werde nicht boxen und
zusehen, wie andere kassieren, wofür
ich gearbeitet habe. Wir müssen endlich
all diese Leute um uns herum loswer-
den", beschied der Boxer seinem Betreuer.

Erst seinem väterlichen Freund, Co-
lonel Oldfield, der ihn einst von der
Straße geholt und vor dem Gefängnis
bewahrt hatte, gelang es, ihn zu über-
zeugen. Es sei doch besser, Frazier vor
den Kopf zu schlagen denn als Feigling
zu gelten.

Foreman schlug Frazier ganz gehörig
vor den Kopf. Sechsmal schmetterte er
mit seiner meistgefürchteten Waffe,
dem rechten Aufwärtshaken, den nur
ungenügend trainierten Champion auf
die Bretter und wurde in der zweiten
Runde K.-o.-Sieger und neuer Weltmeister.

Nur zweimal in 21 Monaten verteidigte Foreman seinen Titel, einmal in
einer Farce in Tokio gegen den Puerto-
ricaner Jose Roman, den er kurzrundig
niedermachte.

Die Titelverteidigung (Knockout in
der 2. Runde) gegen Ken Norton in Caracas wollte Foreman abermals wegen
finanzieller Unstimmigkeiten platzen
lassen. Er war so sehr damit beschäftigt,
all seine verworrenen und verstrickten
Verhältnisse vor Gericht zu ordnen, daß
er oft an Rücktritt dachte. Nicht einmal

George Foreman
Geboren am 22. Januar 1948
in Marshall/Texas, USA.

Größe:	190 cm
Gewicht:	98 kg
Reichweite:	199 cm
Brustumfang:	109 cm
Brustumfang, eingeatmet:	115 cm
Taille:	86 cm
Bizeps:	39 cm
Nacken:	44 cm
Handgelenk:	20 cm
Wade:	43 cm
Knöchel:	25 cm
Oberschenkel:	63 cm
Faust:	32 cm
Unterarm:	38 cm
Kämpfe:	41
K.-o.-Siege:	37
Punktsiege:	3
Unentschieden:	0
Punktniederlagen:	0
K.-o.-Niederlagen:	1
Keine Entscheidung:	0

fünf Millionen Dollar, die höchste Gage, die bis dahin je einem Champion geboten worden war, konnten ihn auf Anhieb zur Titelverteidigung gegen Muhammad Ali bewegen. Es bedurfte zusätzlich der ganzen Überredungskunst samt der schwarzen Philosophie des Ex-Sträflings und neuen Promoters Don King (,,Ich bin schwarz wie du. Mir kannst du vertrauen."), der Zaires Präsidenten Mobutu als ,,Veranstalter" für die erste Schwergewichts-Weltmeisterschaft in Afrika gewonnen hatte.

Im ,,Showdown in Schwarzafrika" am 30. Oktober 1974 aber fühlte sich George Foreman abermals übervorteilt und übertölpelt, sogar von seinen eigenen Leuten. Als wegen einer Augenbrauenverletzung der Kampf verschoben werden mußte, durfte er Zaire nicht verlassen, um seine Verletzung in Paris auszuheilen. Bis an die Zähne bewaffnete Soldaten bewachten ihn in seinem primitiven Camp.

,,Ich hatte das Gefühl, daß alles getan wurde, damit ich nicht gewinnen konnte", sagte Foreman – einschließlich seiner eigenen Leute, die ihm während des Kampfes in Kinshasa zu einer völlig falschen Taktik rieten.

Auch den K. o. in der achten Runde lastet George Foreman weniger den Fäusten Muhammad Alis als der Unfähigkeit seines Managers Dick Sadler an. ,,Ich konnte das Zählen deutlich hören, eins, zwei. Ich sah in meine Ecke, und Sadler deutete mir an, unten zu bleiben. Ich hörte sieben, acht, und Sadler sagte, ich sollte aufstehen. Als ich stand, war ich ausgezählt", schilderte Foreman das Ende und feuerte Sadler. Der Manager hatte das Zählen überhaupt nicht mitgehört.

Mißtrauisch gegen alles und jeden zog sich George Foreman in die Einsamkeit zurück und wurde ein Einzelgänger. Von seiner Frau geschieden, von seinem Manager getrennt, umgab er sich auf seiner Farm in Livermore nur noch mit Tieren, mit neun Schäferhunden, vier Pferden, einem Bullen, einem Löwen und einem Tiger.

Über ein Jahr brauchte Foreman, manchmal reif für den Psychiater, um mit sich ins reine zu kommen und sich zu einem Comeback aufzuraffen. Der erste Ring-Auftritt nach dem Knockout von Kinshasa war noch Zirkus. An einem Abend trat er gegen fünf Gegner an und fand nur Schmähungen. Wie konnte George Foreman nur so tief sinken?

Er besann sich, fand in dem New Yorker Gil Clancy einen anerkannten Fachmann als neuen Manager, nahm endlich konsequent jenes Ziel in Angriff, das zu erreichen ihm sein verletzter Stolz gebot: die Revanche gegen Muhammad Ali. Nach K.-o.-Siegen jeweils in der fünften Runde über Ron Lyle, der ihn allerdings selbst zweimal schwer zu Boden schlug, und im Rückkampf mit Joe Frazier stand George Foreman mit 27 Jahren wieder vor einem Weltmeisterschaftskampf.

Kämpfe um die Boxweltmeisterschaft im Schwergewicht

7. Februar 1882 in Mississippi City: John L. Sullivan schlägt Paddy Ryan durch Knockout in der neunten Runde.

8. Juli 1889 in Richburg (Mississippi): John L. Sullivan schlägt Jake Kilrain über 75 Runden nach Punkten (letzter Kampf ohne Handschuhe).

7. September 1892 in New Orleans: James J. Corbett schlägt John L. Sullivan über 21 Runden.

25. Januar 1894 in Jacksonville (Florida): James J. Corbett schlägt Charley Mitchell durch Knockout in der dritten Runde.

17. März 1897 in Carson City (Nevada): Bob Fitzsimmons schlägt James J. Corbett über 14. Runden.

9. Juni 1899 in Coney Island (New York): James J. Jeffries schlägt Bob Fitzsimmons über 11 Runden.

3. November 1899 in Coney Island: James J. Jeffries schlägt Tom Sharkey über 25 Runden.

11. Mai 1900 in Coney Island: James J. Jeffries schlägt James J. Corbett durch Knockout in der 23. Runde.

15. November 1901 in San Francisco: James J. Jeffries schlägt Gus Ruhlin durch Knockout in der fünften Runde.

25. Juli 1902 in San Francisco: James J. Jeffries schlägt Bob Fitzsimmons durch Knockout in der achten Runde.

14. August 1903 in San Francisco: James J. Jeffries schlägt James J. Corbett durch Knockout in der zehnten Runde.

26. August 1904 in San Francisco: James J. Jeffries schlägt Jack Munroe durch Knockout in der zweiten Runde.

3. Juli 1905 in Reno: Marvin Hart schlägt Jack Root durch Knockout in der zwölften Runde in einem Kampf, den Jeffries nach seinem Rücktritt zum Titelkampf bestimmt hat. Den Titel beansprucht zu dieser Zeit auch Jack O'Brien.

23. Februar 1906 in Los Angeles: Tommy Burns schlägt Marvin Hart über 20 Runden.

28. November 1906 in Los Angeles: Tommy Burns und Jack O'Brien trennen sich nach 20 Runden unentschieden. Burns bleibt Weltmeister.

8. Mai 1907 in Los Angeles: Tommy Burns schlägt Jack O'Brien über 20 Runden.

4. Juli 1907 in Colma (Kalifornien): Tommy Burns schlägt Bill Squires durch Knockout in der ersten Runde.

2. Dezember 1907 in London: Tommy Burns schlägt Gunner Moir durch Knockout in der zehnten Runde.

10. Februar 1908 in London: Tommy Burns schlägt Jack Palmer durch Knockout in der vierten Runde.

17. März 1908 in Dublin: Tommy Burns schlägt Jem Roche durch Knockout in der ersten Runde.

18. April 1908 in Paris: Tommy Burns schlägt Jewey Smith durch Knockout in der fünften Runde.

13. Juni 1908 in Paris: Tommy Burns schlägt Bill Squires durch Knockout in der achten Runde.

24. August 1908 in Sydney (Australien): Tommy Burns schlägt Bill Squires durch Knockout in der 13. Runde.

2. September 1908 in Melbourne (Australien): Tommy Burns schlägt Bill Lang durch Knockout in der sechsten Runde.

26. Dezember 1908 in Sydney: Jack Johnson schlägt Tommy Burns in der 14. Runde. (Den Kampf beendete die Polizei.)

19. Mai 1909 in Philadelphia: Jack Johnson und Jack O'Brien trennen sich nach sechs Runden unentschieden. Johnson bleibt Weltmeister.

30. Juni 1909 in Pittsburgh: Jack Johnson und Tony Ross trennen sich nach sechs Runden unentschieden. Johnson bleibt Weltmeister.

9. September 1909 in San Francisco: Jack Johnson und Al Kaufmann trennen sich nach zehn Runden „ohne Entscheidung". Johnson bleibt Weltmeister.

16. Oktober 1909 in Colma (Kalifornien): Jack Johnson schlägt Stanley Ketchel durch Knockout in der zwölften Runde.

4. Juli 1910 in Reno (Nevada): Jack Johnson schlägt James J. Jeffries durch Knockout in der 15. Runde.

4. Juli 1912 in Las Vegas: Jack Johnson schlägt Jim Flynn über neun Runden.

Wegen Schwierigkeiten mit der amerikanischen Regierung geht Jack Johnson ins Exil. In einem Turnier weißer Schwergewichtler wird Luther McCarty als Interimsweltmeister ermittelt. Am 24. Mai 1913 erleidet McCarty in der ersten Runde seines Kampfes gegen Arthur Pelkey eine tödliche Gehirnblutung.

28. November 1913 in Paris: Jack Johnson schlägt Andre Sproul durch Knockout in der zweiten Runde.

19. Dezember 1913 in Paris: Jack Johnson und Jim Johnson trennen sich nach zehn Runden unentschieden. Jack Johnson bleibt Weltmeister.

1. Januar 1914 in San Francisco: Gunboat Smith schlägt Arthur Pelkey durch Knockout in der 15. Runde und wird „weißer Weltmeister".

27. Juni 1914 in Paris: Jack Johnson schlägt Frank Moran über 20 Runden nach Punkten.

16. Juli 1914 in London: Georges Carpentier schlägt Gunboat Smith durch Disqualifikation in der sechsten Runde.

24. Juli 1914 in Paris: Jack Johnson schlägt Frank Moran über 20 Runden nach Punkten.

5. April 1915 in Havanna (Kuba): Jess Willard schlägt Jack Johnson durch Knockout in der 26. Runde.

25. März 1916 in New York: Jess Willard und Frank Moran trennen sich nach zehn Runden „ohne Entscheidung". Willard bleibt Weltmeister.

4. Juli 1919 in Toledo (Ohio): Jack Dempsey schlägt Jess Willard durch Knockout. Willard trat zur vierten Runde nicht mehr an.

6. September 1920 in Benton Harbor (Michigan): Jack Dempsey schlägt Billy Miske durch Knockout in der dritten Runde.

14. Dezember 1920 in New York: Jack Dempsey schlägt Bill Brennan durch Knockout in der zwölften Runde.

2. Juli 1921 in Jersey City (New Jersey): Jack Dempsey schlägt Georges Carpentier durch Knockout in der vierten Runde.

4. Juli 1923 in Shelby (Montana): Jack Dempsey schlägt Tom Gibbons über 15 Runden nach Punkten.

14. September 1923 in New York: Jack Dempsey schlägt Luis Firpo durch Knockout in der zweiten Runde.

23. September 1926 in Philadelphia: Gene Tunney schlägt Jack Dempsey über zehn Runden nach Punkten.

22. September 1927 in Chicago: Gene Tunney schlägt Jack Dempsey über zehn Runden nach Punkten.

26. Juli 1928 in New York: Gene Tunney schlägt Tom Heeney durch Knockout in der elften Runde. Wenig später erklärt er seinen Rücktritt.

12. Juni 1930 in New York: Max Schmeling gewinnt gegen Jack Sharkey im Kampf um den vakanten Titel in der vierten Runde durch Disqualifikation Sharkeys (Tiefschlag).

3. Juli 1931 in Cleveland: Max Schmeling schlägt William Young Stribling durch Knockout in der 15. Runde.

21. Juni 1932 in New York: Jack Sharkey schlägt Max Schmeling über 15 Runden nach Punkten.

29. Juni 1933 in New York: Primo Carnera schlägt Jack Sharkey durch Knockout in der sechsten Runde.

22. Oktober 1933 in Rom: Primo Carnera schlägt Paolino Uzcudun über 15 Runden nach Punkten.

1. März 1934 in Miami: Primo Carnera schlägt Tommy Loughran über 15 Runden nach Punkten.

14. Juni 1934 in New York: Max Baer schlägt Primo Carnera durch Knockout in der elften Runde.

13. Juni 1935 in New York: James J. Braddock schlägt Max Baer über 15 Runden nach Punkten.

22. Juni 1937 in Chicago: Joe Louis schlägt James J. Braddock durch Knockout in der achten Runde.

30. August 1937 in New York: Joe Louis schlägt Tommy Farr über 15 Runden nach Punkten.

23. Februar 1938 in New York: Joe Louis schlägt Nathan Mann durch Knockout in der dritten Runde.

1. April 1938 in Chicago: Joe Louis schlägt Harry Thomas durch Knockout in der fünften Runde.

22. Juni 1938 in New York: Joe Louis schlägt Max Schmeling durch Knockout in der ersten Runde.

25. Januar 1939 in New York: Joe Louis schlägt John H. Lewis durch Knockout in der ersten Runde.

17. April 1939 in Los Angeles: Joe Louis schlägt Jack Roper durch Knockout in der ersten Runde.

28. Juni 1939 in New York: Joe Louis schlägt Tony Galento durch Knockout in der vierten Runde.

20. September 1939 in Detroit: Joe Louis schlägt Bob Pastor durch Knockout in der elften Runde.

9. Februar 1940 in New York: Joe Louis schlägt Arturo Godoy über 15 Runden nach Punkten.

29. März 1940 in New York: Joe Louis schlägt Johnny Paychek durch Knockout in der zweiten Runde.

20. Juni 1940 in New York: Joe Louis schlägt Arturo Godoy durch Knockout in der achten Runde.

16. Dezember 1940 in Boston: Joe Louis schlägt Al McCoy durch Knockout in der sechsten Runde.

31. Januar 1941 in New York: Joe Louis schlägt Red Burman durch Knockout in der fünften Runde.

17. Februar 1941 in Philadelphia: Joe Louis schlägt Gus Dorazio durch Knockout in der zweiten Runde.

21. März 1941 in Detroit: Joe Louis schlägt Abe Simon durch Knockout in der 13. Runde.

8. April 1941 in St. Louis: Joe Louis schlägt Tony Musto durch Knockout in der neunten Runde.

23. Mai 1941 in Washington: Joe Louis gewinnt gegen Buddy Baer durch Disqualifikation Baers in der siebten Runde.

18. Juni 1941 in New York: Joe Louis schlägt Billy Conn durch Knockout in der 13. Runde.

29. September 1941 in New York: Joe Louis schlägt Lou Nova durch Knockout in der sechsten Runde.

9. Januar 1942 in New York: Joe Louis schlägt Buddy Baer durch Knockout in der ersten Runde.

27. März 1942 in New York: Joe Louis schlägt Abe Simon durch Knockout in der sechsten Runde.

19. Juni 1946 in New York: Joe Louis schlägt Billy Conn durch Knockout in der achten Runde.

18. September 1946 in New York: Joe Louis schlägt Tami Mauriello durch Knockout in der ersten Runde.

5. Dezember 1947 in New York: Joe Louis schlägt Joe Walcott über 15 Runden nach Punkten.

25. Juni 1948 in New York: Joe Louis schlägt Joe Walcott durch Knockout in der elften Runde.

1. März 1949: Joe Louis verzichtet auf den Titel.

22. Juni 1949 in Chicago: Ezzard Charles schlägt im Kampf um den vakanten Titel Joe Walcott über 15 Runden nach Punkten. (Nur durch die N. B. A. anerkannt.)

10. August 1949 in New York: Ezzard Charles schlägt Gus Lesnevich durch Knockout in der siebten Runde.

14. Oktober 1949 in San Francisco: Ezzard Charles schlägt Pat Valentino durch Knockout in der achten Runde.

15. August 1950 in Buffalo (New York): Ezzard Charles schlägt Freddy Beshore durch Knockout in der 14. Runde.

27. September 1950 in New York: Ezzard Charles schlägt Joe Louis über 15 Runden nach Punkten und wird als Weltmeister allgemein anerkannt.

5. Dezember 1950 in Cincinnati (Ohio): Ezzard Charles schlägt Nick Barone durch Knockout in der elften Runde.

12. Januar 1951 in New York: Ezzard Charles schlägt Lee Oma durch Knockout in der zehnten Runde.

7. März 1951 in Detroit: Ezzard Charles schlägt Joe Walcott über 15 Runden nach Punkten.

30. Mai 1951 in Chicago: Ezzard Charles schlägt Joey Maxim über 15 Runden nach Punkten.

18. Juli 1951 in Pittsburgh: Joe Walcott schlägt Ezzard Charles durch Knockout in der siebten Runde.

5. Juni 1952 in Philadelphia: Joe Walcott schlägt Ezzard Charles über 15 Runden nach Punkten.

23. September 1952 in Philadelphia: Rocky Marciano schlägt Joe Walcott durch Knockout in der 13. Runde.

15. Mai 1953 in Chicago: Rocky Marciano schlägt Joe Walcott durch Knockout in der ersten Runde.

24. September 1953 in New York: Rocky Marciano schlägt Roland LaStarza durch Knockout in der elften Runde.

17. Juni 1954 in New York: Rocky Marciano schlägt Ezzard Charles über 15 Runden nach Punkten.

17. September 1954 in New York: Rocky Marciano schlägt Ezzard Charles durch Knockout in der achten Runde.

16. Mai 1955 in San Francisco: Rocky Marciano schlägt Don Cockell durch K. o. in der neunten Runde.

21. September 1955 in New York: Rocky Marciano schlägt Archie Moore durch Knockout in der neunten Runde.

27. April 1956: Marciano tritt ungeschlagen zurück.

30. November 1956 in Chicago: Floyd Patterson schlägt im Kampf um den vakanten Titel Archie Moore durch Knockout in der fünften Runde.

29. Juli 1957 in New York: Floyd Patterson schlägt Hurricane Jackson durch Knockout in der zehnten Runde.

22. August 1957 in Seattle: Floyd Patterson schlägt Pete Rademacher durch Knockout in der sechsten Runde.

18. August 1958 in Los Angeles: Floyd Patterson schlägt Roy Harris durch Knockout in der zwölften Runde.

1. Mai 1959 in Indianapolis: Floyd Patterson schlägt Brian London durch Knockout in der elften Runde.

26. Juni 1959 in New York: Ingemar Johansson schlägt Floyd Patterson durch Knockout in der dritten Runde.

20. Juni 1960 in New York: Floyd Patterson schlägt Ingemar Johansson durch Knockout in der fünften Runde.

13. März 1961 in Miami Beach: Floyd Patterson schlägt Ingemar Johansson durch Knockout in der sechsten Runde.

4. Dezember 1961 in Toronto: Floyd Patterson schlägt Tom McNeeley durch Knockout in der vierten Runde.

25. September 1962 in hicago: Sonny Liston schlägt Floyd Patterson durch Knockout in der ersten Runde.

22. Juli 1963 in Las Vegas: Sonny Liston schlägt Floyd Patterson durch Knockout in der ersten Runde.

25. Februar 1964 in Miami Beach: Cassius Clay schlägt Sonny Liston durch technischen K. o. in der siebten Runde.

25. Mai 1965 in Lewiston: Cassius Clay schlägt Sonny Liston durch Knockout in der ersten Runde.

22. November 1965 in Las Vegas: Cassius Clay schlägt Floyd Patterson durch Knockout in der zwölften Runde.

29. März 1966 in Toronto: Cassius Clay, der sich jetzt Muhammad Ali nennt, schlägt George Chuvalo über 15 Runden nach Punkten.

21. Mai 1966 in London: Muhammad Ali schlägt Henry Cooper durch Knockout in der sechsten Runde.

Knockout in der fünften Runde. Am 20. Juni 1960 gewinnt Floyd Patterson in New York die Revanche mit Schwedens Ingemar Johansson und kann als erster Schwergewichtler den Titel zurückgewinnen. „They never come back" hat keine Gültigkeit mehr.

mehr als Weltmeister an, weil er sich weigert, dem Einberufungsbefehl der US Army zu folgen.

4. März 1968 in New York: Joe Frazier schlägt Buster Mathis durch Knockout in der elften Runde und wird von der New Yorker Box-Kommission als Weltmeister anerkannt.

27. April 1968 in Oakland: Jimmy Ellis schlägt Jerry Quarry im Finale eines von der World Boxing Association ausgeschriebenen Turniers zur Ermittlung eines neuen Weltmeisters über 15 Runden nach Punkten.

24. Juni 1968 in New York: Joe Frazier schlägt Manuel Ramos durch Knockout in der zweiten Runde.

14. September 1968 in Stockholm: Jimmy Ellis schlägt Floyd Patterson über 15 Runden nach Punkten.

22. April 1969 in Houston: Joe Frazier schlägt Dave Zyglewicz durch Knockout in der ersten Runde.

23. Juni 1969 in New York: Joe Frazier schlägt Jerry Quarry durch Knockout in der siebten Runde.

16. Februar 1970 in New York: Joe Frazier schlägt Jimmy Ellis durch Knockout in der fünften Runde. Frazier alleiniger Weltmeister.

18. November 1970 in Detroit: Joe Frazier schlägt Bob Foster durch Knockout in der zweiten Runde.

8. März 1971 in New York: Joe Frazier schlägt Muhammad Ali über 15 Runden nach Punkten.

15. Januar 1972 in New Orleans: Joe Frazier schlägt Terry Daniels durch Knockout in der vierten Runde.

25. Mai 1972 in Omaha: Joe Frazier schlägt Ron Stander durch Knockout in der fünften Runde.

22. Januar 1973 in Kingston: George Foreman schlägt Joe Frazier durch Knockout in der zweiten Runde.

1. September 1973 in Tokio: George Foreman schlägt Jose Roman durch Knockout in der ersten Runde.

26. März 1974 in Caracas: George Foreman schlägt Ken Norton durch Knockout in der zweiten Runde.

30. Oktober 1974 in Kinshasa: Muhammad Ali schlägt George Foreman durch Knockout in der achten Runde.

24. März 1975 in Cleveland: Muhammad Ali schlägt Chuck Wepner durch Knockout in der 15. Runde.

16. Mai 1975 in Las Vegas: Muhammad Ali schlägt Ron Lyle durch Knockout in der elften Runde.

1. Juli 1975 in Kuala Lumpur: Muhammad Ali schlägt Joe Bugner über 15 Runden nach Punkten.

1. Oktober 1975 in Manila: Muhammad Ali schlägt Joe Frazier durch Knockout in der 14. Runde.

20. Februar 1976 in San Juan: Muhammad Ali schlägt Jan Pierre Coopman durch Knockout in der fünften Runde.

30. April 1976 in Landover: Muhammad Ali schlägt Jimmy Young nach Punkten.

24. Mai 1976 in München: Muhammad Ali schlägt Richard Dunn durch Knockout in der fünften Runde.

6. August 1966 in London: Muhammad Ali schlägt Brian London durch Knockout in der dritten Runde.

10. September 1966 in Frankfurt: Muhammad Ali schlägt Karl Mildenberger durch Knockout in der zwölften Runde.

14. November 1966 in Houston: Muhammad Ali schlägt Cleveland Williams durch Knockout in der dritten Runde.

6. Februar 1967 in Houston: Muhammad Ali schlägt Ernie Terrell über 15 Runden nach Punkten.

22. März 1967 in New York: Muhammad Ali schlägt Zora Folley durch Knockout in der siebten Runde.

9. Mai 1967: Die World Boxing Association und die New Yorker Box-Kommission erkennen Muhammad Ali nicht

Halbschwergewicht

(alle Kämpfe, bei denen der Titel den Besitzer wechselte)

22. *April 1903 in Detroit:* Jack Root schlägt Kid McCoy über 10 Runden nach Punkten. – 4. *Juli 1903 in Buffalo:* George Gardner schlägt Jack Root durch Knockout in der 12. Runde. – 25. *November 1903 in San Francisco:* Bob Fitzsimmons schlägt George Gardner über 20 Runden nach Punkten. – 20. *Dezember 1905 in San Francisco:* Jack O'Brien schlägt Bob Fitzsimmons durch Knockout in der 13. Runde. – 24. *Oktober 1916 in Boston:* Battling Levinsky schlägt Jack Dillon im Kampf um den vakanten Titel über 12 Runden nach Punkten. – 12. *Oktober 1920 in Jersey City, New Jersey:* Georges Carpentier schlägt Battling Levinsky durch Knockout in der 4. Runde. – 24. *September 1922 in Paris:* Battling Siki schlägt Georges Carpentier durch Knockout in der 6. Runde. – 17. *März 1923 in Dublin:* Mike McTigue schlägt Battling Siki über 20 Runden nach Punkten. – 30. *Mai 1925 in New York:* Paul Berlenbach schlägt Mike McTigue über 15 Runden nach Punkten. – 16. *Juli 1926 in New York:* Jack Delaney schlägt Paul Berlenbach über 15 Runden nach Punkten. – 7. *Oktober 1927 in New York:* Tommy Loughran schlägt Mike McTigue im Kampf um den vakanten Titel über 15 Runden nach Punkten. – 10. *Februar 1930 in Buffalo:* Jimmy Slattery schlägt Lou Scozza im Kampf um den vakanten Titel über 15 Runden nach Punkten. – 25. *Juni 1930 in Buffalo:* Maxie Rosenbloom schlägt Jimmy Slattery über 15 Runden nach Punkten. – 16. *November 1934 in New York:* Bob Olin schlägt Maxie Rosenbloom über 15 Runden nach Punkten. – 31. *Oktober 1935 in St. Louis:* John Henry Lewis schlägt Bob Olin über 15 Runden nach Punkten. – 3. *Februar 1939 in New York:* Melio Bettina schlägt Tiger Jack Fox im Kampf um den vakanten Titel durch Knockout in der 9. Runde. – 25. *September 1939 in New York:* Billy Conn schlägt Melio Bettina über 15 Runden nach Punkten. – 22. *Mai 1941 in New York:* Gus Lesnevich schlägt Anton Christoforidis im Kampf um den vakanten Titel über 15 Runden nach Punkten. – 26. *Juli 1948 in London:* Freddie Mills schlägt Gus Lesnevich über 15 Runden nach Punkten. – 24. *Januar 1950 in London:* Joey Maxim schlägt Freddie Mills durch Knockout in der 10. Runde. – 17. *Dezember 1952 in St. Louis:* Archie Moore schlägt Joey Maxim über 15 Runden nach Punkten. – 7. *Februar 1961 in Miami:* Harold Johnson schlägt Jesse Bowdry durch Knockout in der 9. Runde und wird von der NBA als Weltmeister anerkannt, die Archie Moore den Titel abgesprochen hat. – 12. *Mai 1962 in Philadelphia:* Harold Johnson schlägt Doug Jones über 15 Runden nach Punkten und wird allgemein als Weltmeister anerkannt, nachdem auch die New Yorker Box-Kommission Archie Moore den Titel abgesprochen hat. – 1. *Juni 1963 in Las Vegas:* Willie Pastrano schlägt Harold Johnson über 15 Runden nach Punkten. – 30. *März 1965 in New York:* Jose Torres schlägt Willie Pastrano durch Knockout in der 9. Runde. – 16. *Dezember 1966 in New York:* Dick Tiger schlägt Jose Torres über 15 Runden nach Punkten. – 24. *Mai 1968 in*

New York: Bob Foster schlägt Dick Tiger durch Knockout in der 4. Runde. – 27. *Februar 1971 in Caracas:* Vicente Rondon schlägt Jimmy Dupree durch Knockout in der 6. Runde und wird von der World Boxing Association (WBA) als Weltmeister anerkannt. – 7. *April 1972 in Miami:* Bob Foster schlägt Vicente Rondon durch Knockout in der 2. Runde und wird als alleiniger Weltmeister anerkannt. – 1. *Oktober 1974 in London:* John Conteh schlägt Jorge Ahumada über 15 Runden nach Punkten und wird von der World Boxing Commission (WBC) als Weltmeister anerkannt, nachdem John Foster auf seinen Titel verzichtet hat. – 7. *Dezember 1974 in Buenos Aires:* Victor Galindez schlägt Len Hutchins durch Knockout in der 13. Runde und wird WBA-Weltmeister.

Mittelgewicht

(alle Kämpfe, bei denen der Titel den Besitzer wechselte)

30. *Juli 1884 in Great Kills, New York:* Jack Dempsey schlägt George Fulljames durch Knockout in der 22. Runde. – 27. *August 1889 in San Francisco:* George LaBlanche schlägt Jack Dempsey durch Knockout in der 32. Runde. – 14. *Januar 1891 in New Orleans:* Bob Fitzsimmons schlägt Jack Dempsey durch Knockout in der 13. Runde. – 22. *Februar 1908 in Colma, Kalifornien:* Stanley Ketchel schlägt Mike „Twin" Sullivan im Kampf um den vakanten Titel durch Knockout in der 1. Runde. – 7. *September 1908 in Los Angeles:* Billy Papke schlägt Stanley Ketchel durch Knockout in der 12. Runde. – 26. *November 1908 in San Francisco:*

Stanley Ketchel schlägt Billy Papke durch Knockout in der 11. Runde. – *19. März 1910 in Paris:* Billy Papke schlägt Willie Lewis im Kampf um den vakanten Titel durch Knockout in der 3. Runde. – *11. Februar 1911 in Sydney:* „Cyclone" Johnny Thompson schlägt Billy Papke über 20 Runden nach Punkten. – *22. Februar 1912 in Sacramento:* Frank Mantell schlägt Billy Papke im Kampf um den vakanten Titel über 20 Runden nach Punkten. – *5. März 1913 in Paris:* Frank Klaus gewinnt gegen Billy Papke in der 15. Runde durch Disqualifikation. – *23. Dezember 1913 in Pittsburgh:* George Chip schlägt Frank Klaus durch Knockout in der 5. Runde. – *6. April 1914 in Brooklyn:* Al McCoy schlägt George Chip durch Knockout in der 1. Runde. – *14. November 1917 in Brooklyn:* Mike O'Dowd schlägt Al McCoy durch Knockout in der 6. Runde. – *6. Mai 1920 in Boston:* Johnny Wilson schlägt Mike O'Dowd über 12 Runden nach Punkten. – *31. August 1923 in New York:* Harry Greb schlägt Johnny Wilson über 15 Runden nach Punkten. – *3. Dezember 1923 in Pittsburgh:* Harry Greb schlägt Bryan Downey durch Knockout in der 10. Runde. – *26. Februar 1926 in New York:* Tiger Flowers schlägt Harry Greb über 15 Runden nach Punkten. – *3. Dezember 1926 in Chicago:* Mickey Walker schlägt Tiger Flowers über 10 Runden nach Punkten. – *11. Juni 1932 in Paris:* Marcel Thil gewinnt den Kampf um den vakanten Titel gegen Gorilla Jones in der 11. Runde durch Disqualifikation, wird aber von der New Yorker Kommission nicht anerkannt. – *9. August 1933 in New York:* Lou Brouillard schlägt Ben Jeby im Kampf um den vakanten Titel (New Yorker Version) durch Knockout in der 7. Runde. – *30. Oktober 1933 in Boston:* Vince Dundee schlägt Lou Brouillard über 15 Runden nach Punkten. – *11. September 1934 in Pittsburgh:* Teddy Yarosz schlägt Vince Dundee über 15 Runden nach Punkten. – *19. September 1935 in Pittsburgh:* Babe Risko schlägt Teddy Yarosz über 15 Runden nach Punkten. – *11. Juli 1936 in Seattle:* Freddie Steele schlägt Babe Risko über 15 Runden nach Punkten. – In den Jahren bis 1941 erkennen New Yorker Kommission und die National Boxing Association jeweils verschiedene Boxer als Weltmeister an. Erst als Billy Soose wegen Gewichtsschwierigkeiten verzichtet, kommt es wieder zu einer Einigung. – *28. November 1941 in New York:* Tony Zale schlägt Georgie Abrams im Kampf um den vakanten Titel über 15 Runden nach Punkten. – *27. September 1946 in New York:* Tony Zale schlägt Rocky Graziano durch Knockout in der 6. Runde. – *16. Juli 1947 in Chicago:* Rocky Graziano schlägt Tony Zale durch Knockout in der 6. Runde. – *10. Juni 1948 in Newark:* Tony Zale schlägt Rocky Graziano durch Knockout in der 3. Runde. – *21. September 1948 in Newark:* Marcel Cerdan schlägt Tony Zale durch Technischen Knockout in der 12. Runde. – *16. Juni 1949 in Detroit:* Jake LaMotta schlägt Marcel Cerdan durch Technischen Knockout in der 10. Runde. – *14. Februar 1951 in Chicago:* „Sugar" Ray Robinson schlägt Jake LaMotta durch Knockout in der 13. Runde. – *10. Juli 1951 in London:* Randolph Turpin schlägt „Sugar" Ray Robinson über 15 Runden nach Punkten. – *12. September 1951 in New York:* „Sugar" Ray Robinson schlägt Randolph Turpin durch Knockout in der 10. Runde. – *21. Oktober 1953 in New York:* Carl „Bobo" Olson schlägt Randolph Turpin im Kampf um den nach Robinsons Rücktritt vakan-

ten Titel über 15 Runden nach Punkten. – *9. Dezember 1955 in Chicago:* „Sugar" Ray Robinson schlägt Carl „Bobo" Olson durch Knockout in der 2. Runde. – *2. Januar 1957 in New York:* Gene Fullmer schlägt „Sugar" Ray Robinson über 15 Runden nach Punkten. – *1. Mai 1957 in Chicago:* „Sugar" Ray Robinson schlägt Gene Fullmer durch Knockout in der 5. Runde. – *23. September 1957 in New York:* Carmen Basilio schlägt „Sugar" Ray Robinson über 15 Runden nach Punkten. – *25. März 1958 in Chicago:* „Sugar" Ray Robinson schlägt Carmen Basilio über 15 Runden nach Punkten. – *22. Januar 1960 in Boston:* Paul Pender schlägt „Sugar" Ray Robinson über 15 Runden nach Punkten. – *11. Juli 1961 in London:* Terry Downes schlägt Paul Pender durch Technischen Knockout in der 10. Runde. – *7. April 1962 in Boston:* Paul Pender schlägt Terry Downes über 15 Runden nach Punkten. – *23. Februar 1963 in Las Vegas:* Dick Tiger und Gene Fullmer trennen sich im Kampf um den vakanten Titel nach 15 Runden unentschieden. – *10. August 1963 in Ibadan:* Dick Tiger schlägt Gene Fullmer durch Knockout in der 7. Runde. – *7. Dezember 1963 in Atlantic City:* Joey Giardello schlägt Dick Tiger über 15 Runden nach Punkten. – *21. Oktober 1965 in New York:* Dick Tiger schlägt Joey Giardello über 15 Runden nach Punkten. – *25. April 1966 in New York:* Emile Griffith schlägt Dick Tiger über 15 Runden nach Punkten. – *17. April 1967 in New York:* Nino Benvenuti schlägt Emile Griffith über 15 Runden nach Punkten. – *29. September 1967 in New York:* Emile Griffith schlägt Nino Benvenuti über 15 Runden nach Punkten. – *4. März 1968 in New York:* Nino Benvenuti schlägt Emile Griffith über 15 Runden nach Punkten. – *7. November 1970 in Rom:* Carlos Monzon schlägt Nino Benvenuti durch Knockout in der 12. Runde. – *25. Mai 1974 in Monte Carlo:* Rodrigo Valdez schlägt Bennie Briscoe durch Knockout in der 7. Runde und wird WBC-Weltmeister, nachdem Monzon der WBC-Titel aberkannt wurde. – *27. Juni 1976 in Monte Carlo:* Carlos Monzon verteidigt seinen WBA-Titel gegen WBC-Weltmeister Rodrigo Valdez durch einen Punktsieg über 15 Runden erfolgreich.

Halbmittelgewicht

(alle Kämpfe, bei denen der Titel den Besitzer wechselte)

20. Oktober 1962 in Portland: Dennis Moyer schlägt Joey Giambra über 15 Runden nach Punkten. – *29. April 1963 in New Orleans:* Ralph Dupas schlägt Dennis Moyer über 15 Runden nach Punkten. – *7. September 1963 in Mailand:* Sandro Mazzinghi schlägt Ralph Dupas durch Knockout in der 9. Runde. – *18. Juni 1965 in Mailand:* Nino Benvenuti schlägt Sandro Mazzinghi durch Knockout in der 6. Runde. – *25. Juni 1966 in Seoul:* Kim Ki Soo schlägt Nino Benvenuti über 15 Runden nach Punkten. – *26. Mai 1968 in Mailand:* Sandro Mazzinghi schlägt Kim Ki Soo über 15 Runden nach Punkten. – *17. März 1969 in Las Vegas:* Fred Little schlägt im Kampf um den vakanten Titel Stanley Hayward über 15 Runden nach Punkten. – *9. Juli 1970 in Monza:* Carmelo Bossi schlägt Fred Little über 15. Runden nach Punkten. – *31. Oktober 1971 in Tokio:* Koichi Wajima schlägt Carmelo Bossi über 15 Runden nach Punkten. – *4. Juni 1974 in Tokio:* Oscar Alvarado schlägt Koichi Wajima durch Knockout in der 15. Runde. – *21. Januar 1975 in Tokio:* Koichi Wajima schlägt Oscar Alvarado über 15 Runden nach Punkten. – *7. Mai 1975 in Monte Carlo:* Miguel de Oliveira schlägt im Kampf um den vakanten WBC-Titel Jose Duran über 15 Runden nach Punkten. – *13. November 1975 in Paris:* Elisha Obed schlägt Miguel de Oliveira durch Aufgabe in der 11. Runde. – *6. Juni 1975 in Kitakyushu:* Jae Do Yuh schlägt im Kampf um den WBA-Titel Koichi Wajima durch Knockout in der 7. Runde. – *17. Februar 1976 in Tokio:* Koichi Wajima schlägt Jae Do Yuh durch Knockout in der 15. Runde (WBA). – *19. Mai 1976 in Tokio:* Jose Duran schlägt Koichi Wajima durch Knockout in der 14. Runde (WBA). – *18. Juni 1976 in Berlin:* Eckard Dagge schlägt Elisha Obed durch Aufgabe in der 10. Runde (WBC).

Weltergewicht

Weltmeister von 1888–1946: Paddy Duffy (1888), Paddy Duffy verzichtet auf den Titel, Billy Smith (1892–1894), Tommy Ryan (1894–1896), Kid McCoy (1896), Kid McCoy verzichtet auf den Titel, Billy Smith (1898–1900), Jim Rube Ferns (1900), Matty Matthews (1900–1901), Jim Rube Ferns (1901), Joe Walcott (1901–1904), Dixie Kid (1904), Dixie Kid verzichtet auf den Titel, Joe Walcott (1904–1906), Honey Mellody (1906–1907), Mike Twin Sullivan (1907), Mike Twin Sullivan verzichtet auf den Titel, Ted Kid Lewis (1915–1919), Jack Britton (1919–1922), Mickey Walker (1922–1926), Pete Latzo (1926–1927), Joe Dundee (1927–1929), Jackie Fields (1929–1930), Jack Thompson (1930), Tommy Freeman (1930–1931), Jack Thompson (1931), Lou Brouillard (1931–1932), Jackie Fields (1932–1933), Young Corbett (1933), Jimmy McLarnin (1933–1934), Barney Ross (1934), Jimmy McLarnin (1934–1935), Barney Ross (1935–1938), Henry Armstrong (1938–1940), Fritzie Zivic (1940–1941), Freddie Cochrane (1941–1946), Marty Servo (1946), Marty Servo verzichtet auf den Titel.

Titelkämpfe ab 1946, bei denen der Titel seinen Besitzer wechselte: *20. Dezember 1946 in New York:* ,,Sugar" Ray Robinson schlägt Tommy Bell im Kampf um den vakanten Titel über 15 Runden nach Punkten. – *14. März 1951 in Chicago:* Johnny Bratton schlägt Charley Fusari im Kampf um den vakanten Titel über 15 Runden nach Punkten. – *18. Mai 1951 in New York:* Kid Gavilan schlägt Johnny Bratton über 15 Runden nach Punkten. – *20. Oktober 1954 in Philadelphia:* Johnny Saxton schlägt Kid Gavilan über 15 Runden nach Punkten. – *1. April 1955 in Boston:* Tony DeMarco schlägt Johnny Saxton durch Knockout in der 14. Runde. – *10. Juni 1955 in Syracuse, New York:* Carmen Basilio schlägt Tony DeMarco durch Knockout in der 12. Runde. – *14. März 1956 in Chicago:* Johnny Saxton schlägt Carmen Basilio über 15 Runden nach Punkten. – *12. September 1956 in Syracuse, New York:* Carmen Basilio schlägt Johnny Saxton durch Knockout in der 9. Runde. – *6. Juni 1958 in St. Louis:* Virgil Akins schlägt Vince Martinez im Kampf um den vakanten Titel durch Knockout in der 4. Runde. – *5. Dezember 1958 in Los Angeles:* Don Jordan schlägt Virgil Akins über 15 Runden nach Punkten. – *27. Mai 1960 in Las Vegas:* Benny ,,Kid" Paret schlägt Don Jordan über 15 Runden nach Punkten. – *1. April 1961 in Miami Beach:* Emile Griffith schlägt Benny ,,Kid" Paret durch Knockout in der 13. Runde. – *30. September 1961 in New York:* Benny ,,Kid" Paret schlägt Emile Griffith über 15 Runden nach Punkten. – *24. März 1962 in New York:* Emile Griffith schlägt Benny ,,Kid" Paret durch Knockout in der 12. Runde. – *21. März 1963 in Los Angeles:* Luis Rodriguez schlägt Emile Griffith über 15 Runden nach Punkten. – *8. Juni 1963 in New York:* Emile Griffith schlägt Luis Rodriguez über 15 Runden nach Punkten. – *28. November 1966 in Dallas:* Curtis Cokes schlägt Jean Josselin im Kampf um den vakanten Titel über 15 Runden nach Punkten. – *17. April 1969 in Los Angeles:* Jose Napoles schlägt Curtis Cokes durch Knockout in der 13. Runde. – 3. Dezember 1970 in Syracuse, New York: Billy Backus schlägt Jose Napoles durch Knockout in der 4. Runde. – 4. Juni 1971 in Los Angeles: Jose Napoles schlägt Billy Backus durch Knockout in der 8. Runde. – 28. Juni 1975 in San Juan: Angel Espada schlägt Clyde Gray über 15 Runden nach Punkten und wird Weltmeister der WBA, die Napoles die Anerkennung als Weltmeister entzogen hat. – 6. Dezember 1975 in Mexico City: John Stracey schlägt Jose Napoles durch Knockout in der 6. Runde. – 23. Juni 1976 in London: Carlos Palomina schlägt John Stracey durch Knockout in der 12. Runde.

schlägt Sandro Lopopolo durch Knockout in der 2. Runde. – 12. Dezember 1968 in Tokio: Nicolino Loche schlägt Paul Fujii durch Technischen Knockout in der 10. Runde (WBA). – 10. März 1972 in Panama: Alfonso Frazer schlägt Nicolino Loche über 15 Runden nach Punkten (WBA). – 28. Oktober 1972 in Panama: Antonio Cervantes schlägt Alfonso Frazer durch Knockout in der 10. Runde (WBA). – 6. März 1976 in San Juan: Wilfredo Benitez schlägt Antonio Cervantes über 15 Runden nach Punkten (WBA).

★

14. Dezember 1968 in Manila: Pedro Adigue schlägt Adolphe Pruitt über 15 Runden nach Punkten (WBC). – 31. Januar 1970 in Rom: Bruno Arcari schlägt Pedro Adigue über 15 Runden nach Punkten (WBC). – 21. September 1974 in Rom: Perico Fernandez schlägt im Kampf um den vakanten Titel Tetsuro Lion Furuyama über 15 Runden nach Punkten (WBC). – 15. Juli 1975 in Bangkok: Sansak Muangsurin schlägt Perico Fernandez durch Knockout in der 8. Runde (WBC). – 30. Juni 1976 in Madrid: Miguel Velasquez schlägt Sansak Muangsurin durch Disqualifikation (WBC).

Halbweltergewicht

Weltmeister von 1922 bis 1935: Pinkey Mitchell (1922–1926), Mushy Callahan (1926–1930), Jack Kid Berg (1930–1931), Tony Canzoneri (1931), Johnny Jadick (1931–1933), Battling Shaw (1933), Tony Canzoneri (1933), Barney Ross (1933–1935). Gewichtsklasse wird 1946 vorübergehend (Weltmeister: Tippy Larkin) und dann wieder 1959 eingeführt.

Titelkämpfe seit 1959, in denen der Titel den Besitzer wechselte: 12. Juni 1959 in New York: Carlos Ortiz schlägt Kenny Lane durch Knockout in der 2. Runde. – 1. September 1960 in Mailand: Duilio Loi schlägt Carlos Ortiz über 15 Runden nach Punkten. – 14. September 1962 in Mailand: Eddie Perkins schlägt Duilio Loi über 15 Runden nach Punkten. – 15. Dezember 1962 in Mailand: Duilio Loi schlägt Eddie Perkins über 15 Runden nach Punkten. – 21. März 1963 in Los Angeles: Roberto Cruz schlägt im Kampf um den vakanten Titel Battling Torres durch Knockout in der 1. Runde. – 15. Juni 1963 in Manila: Eddie Perkins schlägt Roberto Cruz über 15 Runden nach Punkten. – 18. Januar 1965 in Caracas: Carlos Hernandez schlägt Eddie Perkins über 15 Runden nach Punkten. – 22. April 1966 in Rom: Sandro Lopopolo schlägt Carlos Hernandez über 15 Runden nach Punkten. – 30. April 1967 in Tokio: Paul Fujii

Leichtgewicht

Weltmeister von 1896 bis 1945: George Kid Lavigne (1896–1899), Frank Erne (1899–1902), Joe Gans (1902–1908), Battling Nelson (1908–1910), Ad Wolgast (1910–1912), Willie Ritchie (1912–1914), Freddie Welsh (1914–1917), Benny Leonard (1917–1925), Benny Leonard verzichtet auf den Titel, Jimmy Goodrich (1925), Rocky Kansas (1925–1926), Sammy Mandell (1926–1930), Al Singer (1930), Tony Canzoneri (1930–1933), Barney Ross (1933), Barney Ross verzichtet auf den Titel, Tony Canzoneri (1935–1936), Lou Ambers (1936–1938), Henry Armstrong (1938–1939), Lou Ambers (1939–1940), Lew Jenkins (1940–1941), Sammy Angott (1941–1944), Juan Zurita (1944–1945).

Titelkämpfe ab 1945, bei denen der Titel den Besitzer wechselte: *18. April 1945 in Mexico City:* Ike Williams schlägt Juan Zurita durch Knockout in der 2. Runde. *– 25. Mai 1951 in New York:* James Carter schlägt Ike Williams durch Knockout in der 14. Runde. *– 14. Mai 1952 in Los Angeles:* Lauro Salas schlägt James Carter über 15 Runden nach Punkten. *– 15. Oktober 1952 in Chicago:* James Carter schlägt Lauro Salas über 15 Runden nach Punkten. *– 5. März 1954 in New York:* Paddy DeMarco schlägt James Carter über 15 Runden nach Punkten. *– 17. November 1954 in San Francisco:* James Carter schlägt Paddy DeMarco durch Knockout in der 15. Runde. *– 29. Juni 1955 in Boston:* Wallace „Bud" Smith schlägt James Carter über 15 Runden nach Punkten. *– 24. August 1956 in New Orleans:* Joe Brown schlägt Wallace „Bud" Smith über 15 Runden nach Punkten. *– 21. April 1962 in Las Vegas:* Carlos Ortiz schlägt Joe Brown über 15 Runden nach Punkten. *– 10. April 1965 in Panama City:* Ismael Laguna schlägt Carlos Ortiz über 15 Runden nach Punkten. *– 13. November 1965 in San Juan, Puerto Rico:* Carlos Ortiz schlägt Ismael Laguna über 15 Runden nach Punkten. *– 29. Juni 1968 in Santo Domingo:* Carlos „Teo" Cruz schlägt Carlos Ortiz über 15 Runden nach Punkten. *– 18. Februar 1969 in Los Angeles:* Mando Ramos schlägt Carlos „Teo" Cruz durch Knockout in der 11. Runde. *– 3. März 1970 in Los Angeles:* Ismael Laguna schlägt Mando Ramos durch Knockout in der 9. Runde. *– 26. September 1970 in San Juan, Puerto Rico:* Ken Buchanan schlägt Ismael Laguna über 15 Runden nach Punkten. *– 26. Juni 1972 in New York:* Roberto Duran schlägt Ken Buchanan durch Knockout in der 13. Runde.

★

5. November 1971 in Madrid: Pedro Carrasco schlägt Mando Ramos durch Disqualifikation in der 11. Runde und wird WBC-Weltmeister. *– 19. Februar 1972 in Los Angeles:* Mando Ramos schlägt Pedro Carrasco über 15 Runden nach Punkten (WBC). *– 15. September 1972 in Los Angeles:* Chango Carmona schlägt Mando Ramos durch Knockout in der 8. Runde (WBC). *– 10. November 1972 in Los Angeles:* Rodolfo Gonzalez schlägt Chango Carmona durch Technischen Knockout in der 13. Runde (WBC). *– 11. April 1974 in Tokio:* Ishimatsu Suzuki schlägt Rodolfo Gonzalez durch Knockout in der 8. Runde (WBC). *– 9. Mai 1976 in Bayamon:* Esteban DeJesus schlägt Ishimatsu Suzuki über 15 Runden nach Punkten (WBC).

Halbleichtgewicht

Weltmeister von 1921 bis 1933: Johnny Dundee (1921–1923), Jack Bernstein (1923), Johnny Dundee (1923–1924), Steve Kid Sullivan (1924–1925), Mike Ballerino (1925), Tod Morgan (1925–1929), Benny Bass (1929–1931), Kid Chocolate (1931–1933), Frankie Klick (1933). Gewichtsklasse wird erst 1959 wieder eingeführt.

Titelkämpfe seit 1959, bei denen der Titel den Besitzer wechselte: *20. Juli 1959 in Providence:* Harold Gomes schlägt Paul Jorgensen über 15 Runden nach Punkten. *– 16. März 1960 in Manila:* Gabriel Flash Elorde schlägt Harold Gomes durch Knockout in der 7. Runde. *– 30. Juni 1967 in Tokio:* Yoshiaki Numata schlägt Gabriel Flash Elorde über 15 Runden nach Punkten (WBC). *– 15. Februar 1969 in Manila:* Rene Barrientos schlägt im Kampf um den vakanten Titel Ruben Navarros über 15 Runden nach Punkten (WBC). *– 23. August 1970 in Tokio:* Yoshiaki Numata schlägt Rene Barrientos über 15 Runden nach Punkten (WBC). *– 24. Juli 1971 in Sendai:* Riccardo Arredondo schlägt Yoshiaki Numata über 15 Runden nach Punkten (WBC). *– 1. März 1974 in Tokio:* Kuniaki Shibata schlägt Riccardo Arredondo über 15 Runden nach Punkten (WBC). *– 4. Juli 1975 in Mita:* Alfredo Escalara schlägt Kuniaki Shibata durch Knockout in der 2. Runde (WBC).

★

16. Oktober 1967 in Tokio: Hiroshi Kobayashi schlägt Song Ki Chin durch Knockout in der 8. Runde (WBA). *– 24. Juli 1971 in Aomori:* Alfredo Marcano schlägt Hiroshi Kobayashi durch Technischen Knockout in der 10. Runde (WBA). *– 25. April 1972 in Honolulu:* Ben Villaflor schlägt Alfredo Marcano über 15 Runden nach Punkten (WBA). *– 12. März 1973 in Honolulu:* Kuniaki Shibata schlägt Ben Villaflor über 15 Runden nach Punkten (WBA). *– 17. Oktober 1973 in Honolulu:* Ben Villaflor schlägt Kuniaki Shibata durch Knockout in der 1. Runde.

Federgewicht

in der 7. Runde. – 23. November 1974 in Los Angeles: Alexis Arguello schlägt Ruben Olivares durch Knockout in der 13. Runde.

★

Weltmeister von 1889 bis 1948: Ike O'Neil Weir (1889–1890), Billy Murphy (1890–1891), Billy Murphy verzichtet auf den Titel, George Dixon (1891–1897), Solly Smith (1897–1898), Dave Sullivan (1898), George Dixon (1898–1900), Terry McGovern (1900–1901), Abe Attell (1901), Young Corbett (1901–1904), Young Corbett verzichtet auf den Titel, Abe Attell (1904–1912), Johnny Kilbane (1912–1923), Eugene Criqui (1923), Johnny Dundee (1923–1925), Johnny Dundee verzichtet auf den Titel, Louis Kid Kaplan (1925–1927), Louis Kid Kaplan verzichtet auf den Titel, Benny Bass (1927–1928), Tony Canzoneri (1928), Andre Routis (1928–1929), Battling Battalino (1929–1932), Battling Battalino verzichtet auf den Titel. Nach Battalinos Verzicht werden zwei Weltmeister geführt. National Boxing Association: Tommy Paul (1932–1933), Freddie Miller (1933–1936), Petey Sarron (1936–1937), Henry Armstrong (1937–1938), Henry Armstrong (allgemein als Weltmeister anerkannt) verzichtet auf den Titel, Leo Rodak (1938), Petey Scalzo (1940–1941), Richie Lemos (1941), Jackie Wilson (1941–1943), Jackie Callura (1943), Phil Terranova (1943–1944), Sal Bartolo (1944–1946). New Yorker Kommission: Kid Chocolate (1932–1933), Kid Chocolate verzichtet auf den Titel, Mike Belloise (1936–1938), Joey Archibald (1938–1940), Harry Jeffra (1940–1941), Joey Archibald (1941), Chalky Wright (1941–1942), Willie Pep (1942–1948), Willie Pep wird nach einem Sieg über Sal Bartolo von beiden Kommissionen als Weltmeister anerkannt.
Titelkämpfe (nach 1948), in denen der Titel den Besitzer wechselte: *29. Oktober 1948 in New York:* Sandy Saddler schlägt Willie Pep durch Knockout in der 4. Runde. *– 11. Februar 1949 in New York:* Willie Pep schlägt Sandy Saddler über 15 Runden nach Punkten. *– 8. September 1950 in New York:* Sandy Saddler schlägt Willie Pep durch Technischen Knockout in der 7. Runde. *– 24. Juni 1957 in Paris:* Hogan „Kid" Bassey schlägt Cherif Hamia im Kampf um den vakanten Titel durch Knockout in der 10. Runde. *– 18. März 1959 in Los Angeles:* Davey Moore schlägt Hogan „Kid" Bassey durch Knockout in der 13. Runde. *– 21. März 1963 in Los Angeles:* Sugar Ramos schlägt Davey Moore durch Knockout in der 11. Runde. *– 26. September 1964 in Mexico City:* Vicente Saldivar schlägt Sugar Ramos durch Knockout in der 12. Runde. *– 12. Februar 1966 in Mexico City:* Vicente Saldivar schlägt Floyd Robertson durch Knockout in der 2. Runde. Nachdem Saldivar auf den Titel verzichtet hat, werden von WBA und WBC zwei Weltmeister geführt. *– 14. Dezember 1967 in Los Angeles:* Paul Rojas schlägt Antonio Herrera über 15 Runden nach Punkten (WBA). *– 28. September 1968 in San Pedro:* Sho Saijyo schlägt Raul Rojas über 15 Runden nach Punkten. *– 2. September 1971 in Tokio:* Antonio Gomez schlägt Sho Saijyo durch Knockout in der 5. Runde. *– 19. August 1972 in Maracay:* Ernesto Marcel schlägt Antonio Gomez durch Aufgabe in der 12. Runde. *– 9. Juli 1974 in Los Angeles:* Ruben Olivares schlägt Zensuke Utagawa im Kampf um den vakanten Titel durch Knockout

23. Januar 1968 in London: Howard Winstone schlägt Mitsunori Seki durch Knockout in der 9. Runde. *– 24. Juli 1968 in Porthcawl:* Jose Legra schlägt Howard Winstone durch Knockout in der 5. Runde. *– 21. Januar 1969 in London:* Johnny Famechon schlägt Jose Legra über 15 Runden nach Punkten. *– 9. Mai 1970 in Rom:* Vicente Saldivar schlägt Johnny Famechon über 15 Runden nach Punkten. *– 11. Dezember 1970 in Tijuana:* Kuniaki Shibata schlägt Vicente Saldivar durch Knockout in der 13. Runde. *– 19. Mai 1972 in Tokio:* Clemente Sanchez schlägt Kuniaki Shibata durch Knockout in der dritten Runde. *– 16. Dezember 1972 in Monterrey:* Jose Legra schlägt Clemente Sanchez durch Knockout in der 10. Runde. *– 5. Mai 1973 in Brasilia:* Eder Jofre schlägt Jose Legra über 15 Runden nach Punkten. *– 7. September 1974 in Los Angeles:* Bobby Chacon schlägt im Kampf um den vakanten Titel Alfredo Marcano durch Knockout in der 9. Runde. *– 20. Juni 1975 in Los Angeles:* Ruben Olivares schlägt Bobby Chacon durch Knockout in der 2. Runde. *– 20. September 1975 in Los Angeles:* David Poison Kotey schlägt Ruben Olivares über 15 Runden nach Punkten.

Bantamgewicht

Weltmeister von 1887 bis 1946: Hughey Boyle (1887–1888), Hughey Boyle verzichtet auf den Titel, Tommy Kelly (1888–1889), Chappie Moran (1889–1890), Tommy Kelly (1890), George Dixon (1890–1892), George Dixon verzichtet auf den Titel, Jimmy Barry (1892–1899), Jimmy Barry verzichtet auf den Titel, Terry McGovern (1899), Terry McGovern verzichtet auf den Titel, Harry Forbes (1900–1903), Frankie Neil (1903K81904), Joe Bowker (1904–1905), Joe Bowker verzichtet auf den Titel, Jimmy Walsh (1905–1910), Jimmy Walsh verzichtet auf den Titel, Johnny Coulon (1910–1914), Kid Williams (1914–1917), Pete Kid Herman (1917–1920), Joe Lynch (1920–1921), Pete Kid Herman (1921), Johnny Buff (1921–1922), Joe Lynch

(1922–1924), Abe Goldstein (1924), Eddie Martin (1924–1925), Phil Rosenberg (1925–1927), Phil Rosenberg wird der Titel aberkannt, Bud Taylor (1927 – nur von der NBA anerkannt), Bud Taylor verzichtet auf den Titel, die New Yorker Kommission erkennt Bushy Graham 1928 als Weltmeister an, der 1929 verzichtet. Al Brown (1929–1935), Baltazar Sangchilli (1935–1936), Tony Marino (1936), Sixto Escobar (1936–1937), Harry Jeffra (1937–1938), Sixto Escobar (1938–1939), Sixto Escobar verzichtet auf den Titel, Lou Salica (1940–1942), Manuel Ortiz (1942–1946).

Titelkämpfe nach 1946, in denen der Titel den Besitzer wechselte: *6. Januar 1947 in San Francisco:* Harold Dade schlägt Manuel Ortiz über 15 Runden nach Punkten. – *11. März 1947 in Los Angeles: Manuel Ortiz schlägt Harold Dade über 15 Runden nach Punkten.* – *31. Mai 1950 in Johannesburg:* Vic Toweel schlägt Manuel Ortiz über 15 Runden nach Punkten. – *15. November 1952 in Johannesburg:* Jimmy Carruthers schlägt Vic Toweel durch Knockout in der 1. Runde. – *19. September 1954 in Bangkok:* Robert Cohen schlägt Chamrern Songkitrat im Kampf um den vakanten Titel über 15 Runden nach Punkten. – *9. März 1955 in San Francisco:* Raton Macias schlägt Chamrern Songkitrat und wird von der NBA als Weltmeister anerkannt. – *29. Juni 1956 in Rom:* Mario D'Agata schlägt Robert Cohen durch Knockout in der 5. Runde. – *1. April 1957 in Paris:* Alphonse Halimi schlägt Mario D'Agata über 15 Runden nach Punkten. – *6. November 1957 in Los Angeles:* Alphonse Halimi schlägt Ramon Macias über 15 Runden nach Punkten und wird als alleiniger Weltmeister anerkannt. – *8. Juli 1959 in Los Angeles:* Joe Becerra schlägt Alphonse Halimi durch Knockout in der achten Runde. – *18. November 1960 in Los Angeles:* Eder Jofre schlägt Eloy Sanchez im Kampf um den vakanten Titel, durch Knockout in der 6. Runde, wird aber nur von der NBA anerkannt. – *18. Januar 1962 in Sao Paulo:* Eder Jofre schlägt John Caldwell (den Weltmeister der Europäischen Box-Union) durch Knockout in der 10. Runde und wird allgemein als Weltmeister anerkannt. – *17. Mai 1965 in Tokio:* Masahiko Harada schlägt Eder Jofre über 15 Runden nach Punkten. – *26. Februar 1968 in Tokio:* Lionel Rose schlägt Masahiko Harada über 15 Runden nach Punkten. – *22. August 1969 in Los Angeles:* Ruben Olivares schlägt Lionel Rose durch Knockout in der 5. Runde. – *16. Oktober 1970 in Los Angeles:* Chucho Castillo schlägt Ruben Olivares durch Technischen Knockout in der 14. Runde. – *3. April 1971 in Los Angeles:* Ruben Olivares schlägt Chucho Castillo über 15 Runden nach Punkten. – *19. März 1972 in Mexico City:* Rafael Herrera schlägt Ruben Olivares durch Knockout in der 8. Runde. – *30. Juli 1972 in Panama City:* Enrique Pinder schlägt Rafael Herrera über 15 Runden nach Punkten. – *20. Januar 1973 in Panama City:* Romeo Anaya schlägt Enrique Pinder durch Knockout in der 3. Runde. – *3. November 1973 in Johannesburg:* Arnold Taylor schlägt Romeo Anaya durch Knockout in der 13. Runde. – *3. Juli 1974 in Durban, Südafrika:* Soo Hwan Hong schlägt Arnold Taylor über 15 Runden nach Punkten. – *15. März 1975 in Los Angeles:* Alfonso Zamora schlägt Soo Hwan Hong durch Knockout in der 4. Runde.

★

14. April 1973 in Monterrey: Rafael Herrera schlägt Rodolfo Martinez durch Technischen Knockout in der 12. Runde und wird WBC-Weltmeister. – *7. Dezember 1974 in Merida:* Rodolfo Martinez schlägt Rafael Herrera durch Knockout in der 4. Runde. – *8. Mai 1976 in Los Angeles:* Carlos Zarate schlägt Rodolfo Martinez durch Knockout in der 9. Runde.

Fliegengewicht

Weltmeister von 1912 bis 1946: Sid Smith (1912–1913), Bill Ladbury (1913–1914), Percy Jones (1914), Joe Symonds (1914–1916), Jimmy Wilde (1916–1923), Pancho Villa (1923–1925), Titel nach dem Tode Villas vakant, Fidel La Barba (1923–1927), Fidel La Barba verzichtet auf den Titel. Danach werden zwei Weltmeister geführt. National Boxing Association: Albert Belanger (1927–1928), Frankie Genaro (1928–1931), Victor Young Perez (1931–1932), Jackie Brown (1932–1935), Benny Lynch (1935–1938), Lynch wird auch von der New York State Athletic Commission anerkannt, nachdem er deren Weltmeister Small Montana geschlagen hat. Die New Yorker Kommission hatte vor Montana (1935–1936) Midget Wolgast (1930–1935) als Nachfolger von

La Barba anerkannt. Peter Kane (1938), Little Dado (1938), Jackie Jurich (1939), Jackie Paterson (1943–1946).

Titelkämpfe nach 1946, in denen der Titel seinen Besitzer wechselte: *20. Oktober 1947 in London:* Rinty Monaghan schlägt Dado Marino im Kampf um den vakanten Titel über 15 Runden nach Punkten, wird aber nur von der NBA anerkannt. – *23. März 1948 in Belfast:* Rinty Monaghan schlägt Jackie Paterson durch Knockout in der 7. Runde und wird jetzt auch von der New Yorker Kommission als Weltmeister anerkannt. – *25. April 1950 in London:* Terry Allen schlägt Honore Pratesi im Kampf um den vakanten Titel über 15 Runden nach Punkten. – *1. August 1950 in Honolulu:* Dado Marino schlägt Terry Allen über 15 Runden nach Punkten. – *19. Mai 1952 in Tokio:* Yoshio Shirai schlägt Dado Marino über 15 Runden nach Punkten. – *26. November 1954 in Tokio:* Pascual Perez schlägt Yoshio Shirai über 15 Runden nach Punkten. – *16. April 1960 in Bangkok:* Pone Kingpetch schlägt Pascual Perez über 15 Runden nach Punkten. – *10. Oktober 1962 in Tokio:* Masahiko Harada schlägt Pone Kingpetch durch Knockout in der 11. Runde. – *12. Januar 1963 in Bangkok:* Pone Kingpetch schlägt Masahiko Harada über 15 Runden nach Punkten. – *18. September 1963 in Tokio:* Hiroyuki Ebihara schlägt Pone Kingpetch durch Knockout in der 1. Runde. – *23. Januar 1964 in Bangkok:* Pone Kingpetch schlägt Hiroyuki Ebihara über 15 Runden nach Punkten. – *23. April 1965 in Rom:* Salvatore Burruni schlägt Pone Kingpetch über 15 Runden nach Punkten. – *14. Juni 1966 in London:* Walter McGowan schlägt Salvatore Burruni über 15 Runden nach Punkten, wird aber nur vom WBC als Weltmeister anerkannt. – *30. Dezember 1966 in Bangkok:* Chartchai Chionoi schlägt Walter McGowan durch Knockout in der 9. Runde. – *23. Februar 1969 in Mexico City:* Alacran Torres schlägt Chartchai Chionoi durch Knockout in der 8. Runde. – *20. März 1970 in Bangkok:* Chartchai Chionoi schlägt Alacran Torres über 15 Runden nach Punkten. – *7. Dezember 1970 in Bangkok:* Erbito Salvarria schlägt Chartchai Chionoi durch Knockout in der 2. Runde. – *3. Juni 1972 in Caracas:* Betulio Gonzalez schlägt im Kampf um den vakanten Titel, der Salvarria wegen Dopings aberkannt wurde, Socrates Batoto durch Knockout in der 4. Runde. – *29. September 1972 in Bangkok:* Venice Borkorsor schlägt Betulio Gonzalez durch Knockout in der 10. Runde. – *4. August 1973 in Maracaibo:* Betulio Gonzalez schlägt im Kampf um den vakanten Titel Miguel Canto über 15 Runden nach Punkten. – *26. Mai 1975 in Monterrey:* Miguel Canto schlägt Betulio Gonzalez über 15 Runden nach Punkten.

★

1. März 1966 in Tokio: Horacio Accavallo schlägt Katsuyoshi Takayama über 15 Runden nach Punkten und erringt den WBA-Titel. – *30. März 1969 in Sapporo:* Hiroyuki Ebihara schlägt im Kampf um den vakanten Titel Jose Severino über 15 Runden nach Punkten. – *20. Oktober 1969 in Tokio:* Bernabe Villacampo schlägt Hiroyuki Ebihara über 15 Runden nach Punkten. – *5. April 1970 in Bangkok:* Berk Chartvanchai schlägt Bernabe Villacampo über 15 Runden nach Punkten. – *22. Oktober 1970 in Tokio:* Masao Ohba schlägt Berk Chartvanchai durch Knockout in der 13. Run-

de. – *17. Mai 1973 in Bangkok:* Chartchai Chionoi schlägt im Kampf um den vakanten Titel (Ohba ist tödlich verunglückt) Fritz Chervet durch Knockout in der 5. Runde. – *18. Oktober 1974 in Yokohama:* Susumu Hanagata schlägt Chartchai Chionoi durch Knockout in der 6. Runde. – *30. März 1975 in Toyoma:* Erbito Salvarria schlägt Susumu Hanagata über 15 Runden nach Punkten. – *27. Februar 1976 in Manila:* Alfonso Lopez schlägt Erbito Salvarria durch Knockout in der 15. Runde.

Halbfliegengewicht

Erster Titelkampf dieser Gewichtsklasse: *4. April 1975 in Mailand:* Franco Udella schlägt Valentin Martinez durch Disqualifikation in der 12. Runde und wird WBC-Weltmeister. Ihm wird der Titel jedoch entzogen. – *13. September 1975 in Caracas:* Louis Estaba schlägt Rafael Lovera durch Knockout in der 4. Runde.

★

23. August 1975 in Panama City: Jaime Rios schlägt Rigoberto Marcano über 15 Runden nach Punkten und wird WBA-Weltmeister.

Inhalt

Die Geschichte der Boxweltmeisterschaft im Schwergewicht   5

Die Boxweltmeister aller Klassen

John L. Sullivan   23
James J. Corbett   26
Bob Fitzsimmons   28
James J. Jeffries   30
Tommy Burns   32
Jack Johnson   34
Jess Willard   38
Jack Dempsey   40
Gene Tunney   43
Max Schmeling   45
Jack Sharkey   48
Primo Carnera   50
Max Baer   52
James J. Braddock   54
Joe Louis   56
Ezzard Charles   60
Jersey Joe Walcott   62
Rocky Marciano   64
Floyd Patterson   66
Ingemar Johansson   69
Sonny Liston   72
Muhammad Ali   74
Joe Frazier   77
George Foreman   81

Statistik zur Geschichte der Boxweltmeisterschaft   84